D0297135

Stori Tîm o Walis

Ioan Roberts

YR HENDRE
IDOLI 2013
ANRHEG SION YHYR.

Carreg
Gwalch

Argraffiad cyntaf
2013

® Testun
Ioan Roberts

® Ffotograffau
Gerallt Llewelyn, Richard Wyn Huws,
John Pierce Jones, Sian Wheldon, Mei Jones,
Alun Ffred Jones, Anna Jones, Arwyn Roberts,
Rondo Media, Teledu'r Tir Glas, BBC Cymru
ac S4C

Dylunio
Ifan Alun Jones

Cyhoeddwyd gan
Gwasg Carreg Gwalch,
12 Iard yr Orsaf, Llanrwst,
Dyffryn Conwy, Cymru LL26 0EH.

Ffôn: 01492 642031
Ffacs: 01492 642502
e-bost: llyfrau@carreg-gwalch.com

www.carreg gwalch.com

Rhif rhyngwladol
978-1-84527-377-4

Argraffwyd a chyhoeddwyd yng Nghymru.
Cedwir pob hawl.

Mae'r cyhoeddwyr yn cydnabod cefnogaeth
ariannol Cyngor Llyfrau Cymru

Ni chaniateir atgynhyrchu unrhyw ran o'r cyhoeddiad hwn, na'i gadw mewn cyfundrefn adferadwy,
na'i drosglwyddo mewn unrhyw ddull na thrwy unrhyw gyfrwng, electronig, electrostatig, tâp magnetig,
mecanyddol, ffotogopïo, recordio, nac fel arall, heb ganiatâd ymlaen llaw gan y cyhoeddwyr,
Gwasg Carreg Gwalch, 12 Iard yr Orsaf, Llanrwst, Dyffryn Conwy, Cymru LL26 0EH.

Diolch

I Alun Ffred Jones, Mei Jones a holl aelodau'r
cast am eu hatgofion a'u cydweithrediad parod.

I Anna Jones am hel atgofion a lluniau
am ei chwaer Kathleen.

I Myrddin, Nia a phawb yng Ngwasg Carreg Gwalch
am eu trylwyredd a'u harmynedd.

I Elwyn Jones am ei sgyrsiau ynglŷn â'r rhaglenni radio.

I S4C a BBC Cymru am eu cymorth parod
efo gwybodaeth a lluniau.

I Gerallt Llewelyn, Richard Wyn a phawb a roddodd
ganiatâd i ddefnyddio'u lluniau.

I bawb a gyfrannodd eu hatgofion am y cyfresi.

I Gyngor Llyfrau Cymru am eu cefnogaeth.

I Ifan Jones am roi sglein ar y cyfan.

———————————————

Ioan Roberts

Cynnwys

Ionawr
1982
Rhaglen beilot ar Radio Cymru

Ionawr – Mawrth
1986
Cyfres 1, Radio Cymru

Rhagfyr – Ionawr
1986-87
Cyfres 2, Radio Cymru

Rhagfyr – Ionawr
1987-88
Cyfres 3, Radio Cymru

Tachwedd – Rhagfyr
1988
Cyfres 1, S4C

Ionawr – Chwefror
1990
Cyfres 2, S4C

Ionawr – Chwefror
1991
Cyfres 3, S4C

Rhagfyr
1991
Ffilm yr Eidal, S4C.
Ffilm Nadolig Bryncoch, S4C

Chwefror – Mawrth
1992
Cyfres 4, S4C

Nadolig
1992
Nadolig Bryncoch

1993
Taith lwyfan *Awê Bryncoch!*

Medi-Hydref
1994
Cyfres 5, S4C

Nadolig
1994
Sioe dafarn *Coman Bryncoch*

Nadolig
2004
Ffilm C'mon Midffild a Rasbrijam, S4C

Nadolig
2010
40 Uchaf C'mon Midffild, S4C

ASIFFETA!

Aeth bron i ugain mlynedd heibio er pan ddangoswyd yr olaf o gyfresi gwreiddiol C'mon Midffîld ar S4C. Ar adeg pan mae sianeli teledu ym mhob iaith yn ei chael hi'n anodd denu gwylwyr ifanc, gallech feddwl y byddai helyntion wythnosol Bryncoch United yn perthyn bellach i oes yr arth a'r blaidd, mor berthnasol i'r Gymru fodern â *Rhodd Mam* neu *Galw Gari Tryfan*.

Ond nid felly y mae hi. Mae cwlt C'mon Midffîld yn fyw ac yn iach ac yn ennill tir. Mae pobol ifanc a phlant oedd heb eu geni pan oedd Arthur Picton, Wali Tomos, Tecs, Sandra, George a'r gweddill yn eu hanterth yn medru adrodd talpiau hir o'r sgriptiau ar eu cof. Mae'r actorion yn dal i gael eu cyfarch ar y stryd wrth enwau eu cymeriadau, a'u gwahodd i berfformio'n gyhoeddus fel y cymeriadau. Mae'r rhaglenni'n cael eu hailddarlledu'n aml ar radio a theledu, a'r golygfeydd yn cael eu dilyn yn ffyddlon trwy gyfrwng DVDs, Facebook, Twitter, Youtube a dyfeisiadau tebyg. Gallwch weld aml i Wali ifanc mewn carnifal neu gystadleuaeth gwisg ffansi, a daeth 'asiffeta', 'tictacs', 'consentreiddio' ac 'insineretio' yn rhan o eirfa llawer un. Pan fydd swyddogion S4C yn crwydro Cymru i holi barn y bobol am y gwasanaeth, 'angen mwy o bethau fel C'mon Midffîld' yw'r gri mewn sawl ardal yn y de yn ogystal â'r gogledd. Mewn pleidlais ymhlith darllenwyr *Golwg* yn Nhachwedd 2012, dewiswyd C'mon Midffîld fel y rhaglen fwyaf eiconig yn holl hanes y sianel.

Doedd gan y dechnoleg newydd a'r cyfryngau electronig ddim rhan o gwbl yng ngenedigaeth y rhaglen. Doedd y ddau a'i creodd ddim hyd yn oed yn medru teipio rhyw lawer. Mae'r sgriptiau cyntaf wedi eu sgwennu â llaw mewn hen lyfrau ysgol oedd wedi eu darparu i bwrpas arall gan y 'David Hughes County Secondary School, Menai Bridge'. Ar y clawr, mewn llythrennau breision, mae'r teitl crand ac uchelgeisiol: C'MON MIDFFÎLD gan ALUN FFRED JONES A MYRDDIN JONES.

O'r dechreuad anaddawol hwnnw fe dyfodd tair cyfres radio, pum cyfres deledu, dwy ffilm, sioe lwyfan, casét o ganeuon ac adroddiadau, rhaglen Nadolig arbennig, dau lyfr, sgetshis, gemau pêl-droed go iawn, cwisiau tafarn, dynwarediadau a llwyth o weithgareddau eraill sy'n para hyd heddiw.

Gallai dadansoddi cyfrinach y llwyddiant fod yn destun astudiaeth academaidd ddigon buddiol – mae pynciau llai haeddiannol wedi bod yn sail i draethodau PhD. Does dim byd mor uchelgeisiol â hynny i'w gael yn y gyfrol yma. Yr hyn a gawn ni ydi straeon difyr am y syniadau, y cymeriadau, y digwyddiadau a'r helbulon a achosodd hyn i gyd. Pa le, pa fodd y ganwyd y syniad gwreiddiol? Sut lwyddodd yr awduron, ar ôl ambell siom, i'w werthu i Radio Cymru? Pwy oedd yr actorion gwreiddiol? Pa mor anodd oedd y trosglwyddiad o'r radio i deledu? Sut groeso gafodd y rhaglenni cyntaf? Pa bêl-droedwyr fu'n chwarae dros y blynyddoedd i dîm Bryncoch ac i'r gwrthwynebwyr? Beth ddywedodd Mark Hughes am George Huws wrth Ian Rush?

Dyna rai o'r cwestiynau y byddwn yn ceisio'u hateb yn y tudalennau nesaf.

Geni Syniad

Mae'n debyg mai yn nhafarn enwog y Glôb ym Mangor tua dechrau'r saith degau y bu'r cyfarfyddiad cyntaf rhwng Mei Jones ac Alun Ffred Jones. Roedd Alun Ffred yn gweithio yn y dafarn yn ystod ei ddyddiau coleg, ac mae Mei, oedd yn labro yn yr ardal rhwng dau gyfnod mewn colegau, yn ei gofio fel 'y barman sychaf welais i erioed.' Does gan y cyn-farman ddim cof o gwbl am Mei Jones ymhlith ei gwsmeriaid.

Mewn tafarn arall, a honno yn yr Wyddgrug, y cynhaliwyd y sgwrs a fyddai'n arwain yn y pen draw at greu C'mon Midffîld. Digwyddodd hynny tua 1978, a'r ddau ddarpar awdur erbyn hynny'n rhyw led adnabod ei gilydd. Roedd Alun Ffred yn byw yn yr Wyddgrug, yn athro a phennaeth yr adran Gymraeg yn Ysgol Alun yn y dref. I un oedd wedi ymddiddori yn y ddrama a dod dan ddylanwad y darlithydd, dramodydd a chynhyrchydd John Gwilym Jones ym Mangor, roedd yr Wyddgrug yn lle da i fod. Yn sgil sefydlu Theatr Clwyd yng nghanol y saith degau roedd y dref yn datblygu'n ganolfan brysur ym myd y ddrama, a daeth Alun Ffred yn weithgar gyda Chwmni Theatr y Dreflan a chwmni amatur Cymraeg Theatr Clwyd. Roedd Mei Jones erbyn hynny wedi dechrau gwneud ei farc fel actor a sgwennwr, ar ôl bwrw prentisiaeth efo Cwmni

Theatr Cymru a chwmni cydweithredol ifanc Bara Caws. Polisi Bara Caws o'r dechrau oedd mynd â'r theatr at y bobol yn hytrach na disgwyl i'r bobol ddod atyn nhw. Ar ddiwedd eu perfformiadau yn yr Wyddgrug, yn ôl Mei Jones, byddai pawb yn dal eu gwynt wrth aros am ymateb y gŵr doeth, Alun Ffred, oedd yn y gynulleidfa. Os oedd y dyfarniad yn ffafriol, meddai Mei, byddai'r rhyddhad ymhlith yr actorion yn atgoffa rhywun o hysbyseb deledu oedd yn boblogaidd ar y pryd: *The man from Del Monte says Yes!*

Y dyddiau hynny byddai Mei yn teithio i'r Wyddgrug yn aml i weld ei gariad, Gwenda, oedd newydd ddechrau dysgu yn yr ardal. Un noson aeth Gwenda ac yntau i dafarn y Ruthin Castle yn y dre, lle byddai criw o siaradwyr Cymraeg yn cyfarfod.

'Pan aethon ni i mewn roedd y criw athrawon 'ma i gyd yn eistedd wrth y ffenest ac mi aeth Gwenda'n syth atyn nhw a 'ngadael i wrth y bar,' meddai Mei. 'Dwi'n meddwl bod Alun Ffred wedi cymryd tosturi wrth fy ngweld i'n fan'no ar fy mhen fy hun ac mi ddaeth draw i siarad. Ac yn ystod y sgwrs y noson honno y gwnaethon ni ryw fath o gytuno y basan ni'n trio sgwennu rwbath efo'n gilydd. Tasa

Gwenda ddim wedi 'ngadael i ar fy mhen fy hun ella na fasan ni 'rioed wedi dechra siarad am y peth.'

Braidd yn annelwig, ddegawdau'n ddiweddarach, ydi manylion y sgwrs yn y Ruthin Castle. Y peth ymarferol cyntaf a ddeilliodd ohoni oedd i'r ddau ddarpar awdur sgwennu ambell sgets a'u cynnig i raglen blant o'r enw *Goglish* yr oedd HTV yn ei gwneud ar y pryd. Roedd Mei Jones yn un o'r perfformwyr ar y rhaglen, ac yn teithio'n wythnosol i Gaerdydd i gymryd rhan. Mae Alun Ffred yn cofio derbyn 'rhyw ffeifar yma ac acw' gan HTV, sy'n awgrymu fod o leiaf rai o'r sgetshis wedi gweld golau ddydd.

Yn 1979, cyhoeddodd Wilbert Lloyd Roberts, sylfaenydd a phennaeth Cwmni Theatr Cymru, ei fod am gynnal cystadleuaeth sgwennu sioe ar gyfer ysgolion. Wilbert ei hun fyddai'r beirniad, fo oedd yn gosod y rheolau, a phwysleisiodd mai drama i blant oedd ganddo dan sylw, yn hytrach na phantomeim. Roedd Mei Jones erbyn hynny wedi symud i fyw i'r Wyddgrug, a hynny'n ei gwneud hi'n haws i Alun Ffred ac yntau gydweithio. Roedd Mei wedi bod yn gweithio i Gwmni Theatr Cymru, ar ôl i Wilbert Lloyd Roberts ei anfon am flwyddyn o 'brentisiaeth' yn y Coleg Cerdd a Drama yng Nghaerdydd. Roedd Alun Ffred hefyd wedi magu profiad, trwy sgwennu a chyfarwyddo sioeau yn yr Wyddgrug. Magodd y ddau ddigon o hyder i roi cynnig ar y gystadleuaeth gan wybod y bydden nhw'n cael beirniadaeth beth bynnag am wobr. Y canlyniad oedd sioe o'r enw *Hwyl Idris*, drama am fachgen bach oedd yn berchen ar lyfr o straeon antur am gowbois, môr-ladron ac arwyr eraill, a'r straeon hynny'n dod yn fyw wrth i Idris droi'r tudalennau.

Dyfarnodd Wilbert Lloyd Roberts y wobr gyntaf i sioe oedd wedi'i sgwennu gan Gwenno Hywyn a Meinir Pierce Jones, gyda *Hwyl Idris* yn ail. Wedyn fe drodd Wilbert y cynnyrch buddugol yn bantomeim, yr union beth yr oedd wedi dweud nad oedd ei eisiau. Ac aeth y Cwmni Theatr â *Hwyl Idris* ar daith o gwmpas ysgolion Cymru, efo Wynford Ellis Owen yn y brif ran. Aeth y ddau awdur i weld rhai o'r perfformiadau, a chael digon o symbyliad i feddwl am gynhyrchu rhywbeth arall.

'Rhywsut, rywfodd,' meddai Alun Ffred, 'mi gafodd Mei y syniad y dylen ni sgwennu cyfres ar gyfer ei darlledu. Roedd o'n meddwl nad oedd gynnon ni fawr o obaith cael dim byd ar y teledu. Roedd hyn yn y dyddiau cyn bodolaeth S4C, ac os nad oedd rhywun â throed i mewn yn y BBC roedd hi'n anodd iawn cael dim byd. Ond mi allai fod yn haws cael rhywbeth ar y radio.'

Penderfynwyd ar faes oedd yn gyfarwydd i'r ddau trwy brofiad personol, sef anturiaethau tîm pêl-droed nad oedd yn un o'r rhai mwyaf llwyddiannus. Roedd Alun Ffred wedi chwarae yn y gôl i Lanuwchllyn, er ei fod yn pwysleisio nad oedd hwnnw'n dîm gwael. Bu Mei yn chwaraewr dawnus i nifer o dimau ar Ynys Môn ac i ail dîm Dinas Bangor. Cafodd hefyd un cap i Gymru dan ddeunaw oed. Ond mae'n dweud mai chwarae i dîm Llandegfan yn bennaf a symbylodd y syniad oedd wedi bod yn corddi yn ei feddwl ers blynyddoedd, ar gyfer comedi am dîm pêl-droed yn cael ei reoli gan unben ecsentrig o'r enw Arthur Picton.

Dechrau Sgwennu

Yn ail hanner y 1960au, gwelwyd newid o ran patrymau a thermau ar gaeau pêl-droed y byd. Yng Nghwpan y Byd 1966 roedd timau fel Brazil a'r Eidal wedi dechrau defnyddio systemau newydd a'u galw'n enwau dieithr fel 4-2-4 a 4-3-3. O dipyn i beth dechreuodd gwledydd a chlybiau eraill ddilyn yr un ffasiwn, nes bod hen safleoedd cyfarwydd fel *right half*, *outside left* ac *inside right* yn diflannu o'r tir. Cyn bo hir roedd timau ar lefel Bryncoch United wedi mabwysiadu'r enwau newydd, heb fawr o glem sut i weithredu'r system. O hynny ymlaen roedd gan reolwyr blin a chefnogwyr rhwystredig fwch dihangol newydd i'w feio pan fyddai pethau'n mynd o chwith. Y chwaraewyr canol cae oedd dan y lach. Roedden nhw hefyd yn ei chael hi gan yr amddiffynwyr a'r ymosodwyr yn eu tro, am sefyll ormod ymlaen neu ormod yn ôl ar y cae. Dyna pryd y dechreuodd y floedd 'C'mon Midffîld!' atseinio trwy feysydd pêl-droed, o'r Bernabeu ym Madrid i'r Oval yng Nghaernarfon. A dyna sut y cafodd un o'r cyfresi teledu mwyaf Cymraeg a Chymreig ei hysbryd enw Saesneg wedi ei sillafu yn Gymraeg.

'Fasa "dowch 'laen canol cae" ddim yn cyfleu'r un peth rywsut,' meddai Mei Jones. 'Ond mae "c'mon!" wedi dod yn ymadrodd Cymraeg erbyn hyn, ac mi oedd gynnon ni ddigon o ffydd i gredu na fyddai neb yn meddwl mai rhywbeth Seisnig oedd y rhaglenni'n mynd i fod.'

Gweithred o ffydd, hefyd, oedd mynd ati i sgwennu'r penodau cyntaf heb unrhyw sicrwydd y byddai gan neb ddiddordeb yn eu darlledu. Mae'r cymeriadau sy'n cael eu rhestru ar dudalen gyntaf y llyfr o Ysgol David Hughes yn gosod sylfaen ar gyfer yr holl gyfresi: Sandra Picton, 21 oed; Arthur Picton (ei thad), 50 oed; Tecwyn Parri, 38 oed; Wali Tomos, 45 oed a George Iluws, 26 oed. Gan mai radio oedd y cyfrwng, doedd dim rhaid i'r actorion gyfateb o ran eu golwg i oed y cymeriadau.

Does neb yn siŵr bellach o ble y cafodd tîm Bryncoch United ei enw. Un o bentref Bryncoch ger Castell Nedd oedd Alwen, gwraig Alun Ffred, ond mae'n bosib mai cyd-ddigwyddiad oedd hynny. O ran enwau'r cymeriadau, mae'r rhan fwyaf o'r rheini wedi eu benthyca gan bobol yr oedd Mei Jones wedi eu hadnabod yn ei tro enedigol. Ei gapten pan oedd yn chwarae i dîm Biwmares oedd Tecwyn Parry, asgellwr deugain oed. Symudwyd y Tecwyn Parri arall i'r gôl am y byddai'n fwy tebygol o fedru dal i chware'n ganol oed yn y safle hwnnw. Aelod arall o dîm Llandegfan oedd George Denham, ond newidiwyd y cyfenw i Huws am y byddai hynny'n gweddu'n well i hogyn o Fangor. Roedd angen enw ychydig yn anarferol i'r rheolwr, ac felly y cafodd David Picton o Landegfan ei ran yn y stori. Merch yr oedd Mei'n ei hadnabod ers talwm oedd Sandra.

Aeth y ddau sgwennwr ati i greu fframwaith ar gyfer chwe rhaglen, a'r syniad oedd y bydden nhw'n sgwennu'r penodau bob yn ail. Byddai pob pennod yn adrodd y stori o safbwynt gwahanol gymeriadau yn eu tro: Picton y rheolwr yn gyntaf, Tecwyn y capten yn ail a Wali'r llumanwr yn drydydd. Beth bynnag fyddai'n

digwydd i'w hymdrechion, roedden nhw'n cael hwyl ar y sgwennu a'r trafod.

'Dwi'n ein cofio ni'n chwerthin nes ein bod ni'n sâl am ben rhyw bethau oeddan ni'n hunain newydd eu sgwennu,' meddai Mei Jones.

Rywbryd yn ystod y cyfansoddi symudodd Alun Ffred i fyw yng Nghaerdydd ar ôl cael gwaith ar raglenni *Y Dydd* ac *Yr Wythnos* yn HTV. Ond wnaeth hynny ddim tarfu ar y sgwennu ac mae'n cofio Mei Jones yn galw yn ei dŷ yn y brifddinas i ddal ati efo'r penodau.

Llwyddwyd i gwblhau tair pennod a hanner, efo Mei Jones yn sgwennu'r rhan fwyaf o'r gyntaf a'r ail, ac Alun Ffred y drydedd. Byddai'r ddau'n gweithio allan yn fras gyda'i gilydd beth oedd stori pob pennod, cyn i'r naill neu'r llall fynd ati i drio'i sgrifennu. Mei oedd y golygydd answyddogol, a fo fyddai'n sicrhau bod yna ryw dro annisgwyl yn y gynffon, rhywbeth a ddaeth yn nodweddiadol o holl gyfresi C'mon Midffîld. Dim ond ar ddiwedd pennod y byddai'r gwrandawyr yn dod i sylweddoli beth oedd arwyddocâd ambell gliw oedd wedi eu rhoi iddyn nhw'n gynharach.

Cyfraniad mawr Alun Ffred – oherwydd dylanwad ei ffrind Wil Sam, yn ôl Mei Jones – oedd llinellau o ddialog ffraeth gan bobol oedd yn hoffi mwydro heb fawr o ddim yn digwydd. Creadigaeth Alun Ffred oedd y rhan fwyaf o'r ymadroddion fel 'cam-sefyllian' a 'no, na, nefar, byth!' Fo oedd awdur y bennod, a addaswyd wedyn ar gyfer

teledu, lle mae'r criw yn mynd i Sir Fflint i chwarae gêm gwpan. Yno y mae un o hoff ddarnau dialog Mei, lle mae Tecs yn bygwth mynd ar gyfeiliorn yng nghwmni merch leol o'r enw Lowri:

Tecs	Byw'n Prestatyn ia?
Lowri	Na, Tremeirchion.
Tecs	Lle ma' fan'no?
Lowri	Ffor' yma.
Tecs	Lle neis ia? Oes 'na draeth yno?
Lowri	Na, ddim eto.

Daeth yn amser ceisio gwerthu'r syniad i Radio Cymru. Aeth Mei i ddangos y sgriptiau yn gyntaf i Ifan Roberts, oedd yn gynhyrchydd ym Mangor. Roedd ei ymateb yn weddol gadarnhaol: roedd yn hoffi'r ddwy bennod gyntaf ond ddim yn siŵr beth oedd wedi digwydd i'r drydedd. Ond dywedodd fod Radio Cymru'n bwriadu gwneud rhaglenni peilot gan wahanol awduron, ac ar ôl darlledu'r rheini a gweld yr ymateb, bydden nhw'n dewis un i'w datblygu'n gyfres. Cydweithiwr iddo, Gareth Lloyd Williams, fyddai'n cynhyrchu'r rhaglenni hynny ac felly byddai'n gofyn ei farn o am y sgriptiau. Daeth Gareth yn ôl a dweud ei fod wrth ei fodd efo'r drydedd bennod, ac yn bendant eisiau ei chynhyrchu.

'Roedd y gwahaniaeth barn yn ymddangos yn rhyfedd i ni – doedden ni'n gweld fawr o wahaniaeth rhwng sgriptiau un, dau a thri,' meddai Mei Jones.

Mae Alun Ffred yn cofio mynd i weld Gareth Lloyd Williams i drafod y sgript.

'Doedd Gareth ddim yn hapus efo cymeriad Wali, gan ei fod o'n meddwl ein bod ni'n gwneud hwyl am ben rhywun efo nam lleferydd,' meddai. 'Yn wir roedd o am inni newid hynny. Mi esboniais innau mai fel yna roedd Wali'n siarad ac nad hynny oedd yn 'i wneud o'n ddigri. Dwi ddim yn credu imi ei argyhoeddi fo chwaith.'

Yn fuan wedyn gadawodd Gareth Lloyd Williams y BBC a mynd i gynhyrchu'r gyfres blant *Syr Wynff a Plwmsan* i S4C. Ond cyn hynny roedd yn gyfrifol am gastio rhaglen beilot C'mon Midffîld i Radio Cymru, mewn cydweithrediad efo'r ddau awdur. Y bennod am drip tîm Bryncoch i Sir y Fflint oedd y gyntaf i gyrraedd clustiau'r genedl.

Dewiswyd Clive Roberts i chwarae rhan Arthur Picton, John Ogwen oedd Wali, Wyn Bowen Harries oedd Tecs, Mei Jones oedd George, Manon Eames oedd Sandra a Caryl Parry Jones, efo'i thafodiaith Sir Fflint naturiol, oedd Lowri o Dremeirchion.

Darlledwyd y rhaglen beilot ar Radio Cymru ar 23 Ionawr, 1982, ond chafodd hi mo'i dewis ar gyfer ei datblygu'n gyfres. Aeth yr anrhydedd honno i ymgais ar y cyd gan Dyfan Roberts a Valmai Jones.

'Felly mi roddodd Ffred a finna y gorau iddi, achos doedd gynnon ni unlle arall i fynd,' meddai Mei Jones.

'Dyna'i diwedd hi i bob pwrpas,' meddài Alun Ffred. 'Mi fasa'n hymdrechion ni wedi cael eu claddu, fel cannoedd o sgriptiau eraill.'

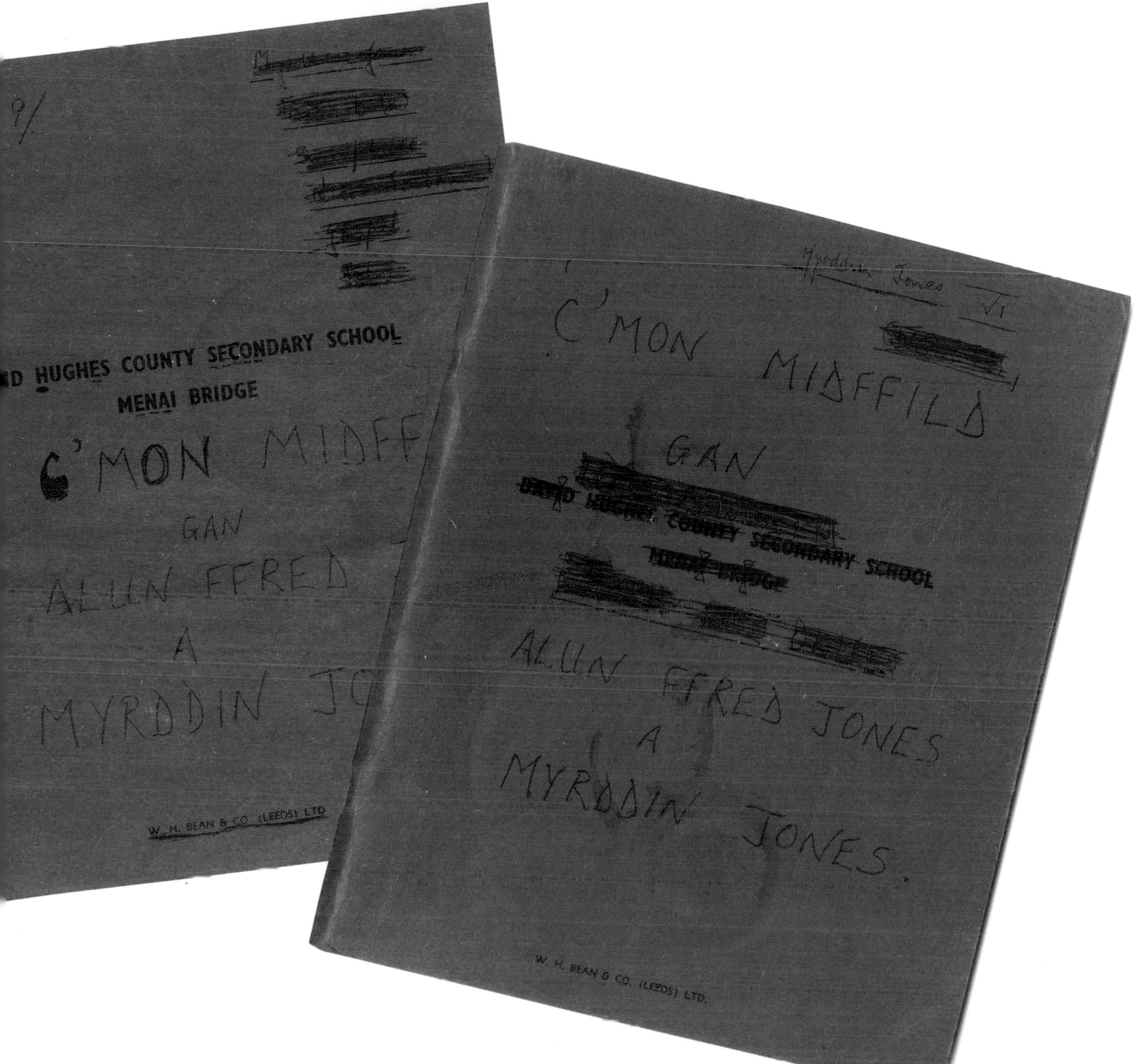

Rhaglenni C'mon Midffîld ar Radio Cymru

Rhaglen Beilot

23 Ionawr 1982

Cyfres 1

25 Ionawr – 1 Mawrth 1986

1: Y Rheolwr

2: Yr Hyfforddwr

3: Y Capten

4: Y Reff

5: Y Seren

6: Y Syporter

Cyfres 2

25 Rhagfyr 1986 – 29 Ionawr 1987

1: Dedwydd Dydd

2: Trech Gwlad Nac Arglwydd

3: Y Mowthwelian

4: Safwn Yn Y Bwlch

5: Mastyrmeind

6: Y Big Match

Cyfres 3

26 Rhagfyr 1987 – 30 Ionawr 1988

1: Dydd San Stwffin

2: Does Unman Yn Debyg

3: Y Claf Diglefyd

4: Y Dathlu

5: Tra Bo Dau

6: Tra Bo Tri

Llwyddiant

Yn 1975, ar sianel deledu BBC 2, darlledwyd cyfres gomedi o'r enw *Trinity Tales*. Wedi ei sgwennu gan Alan Plater a'i seilio ar *Canterbury Tales*, clasur gan Chaucer o'r bedwaredd ganrif ar ddeg, mae'n dilyn hynt criw o gefnogwyr tîm rygbi'r gynghrair o ogledd Lloegr sydd ar eu ffordd i Wembley mewn bws mini i weld eu tîm yn rownd derfynol y gwpan. Ar y siwrnai maen nhw'n galw mewn tafarnadai lu ac yn diddanu eu hunain trwy adrodd straeon i fyrhau'r daith. Cyfres o chwech oedd hi, a phob pennod yn rhoi'r prif sylw i gymeriad gwahanol.

Un oedd wedi mwynhau'r rhaglenni ac yn dal i'w cofio ymhen blynyddoedd oedd Elwyn Jones, cyn weinidog oedd ar staff y BBC ym Mangor. Fel Goruchwyliwr Rhaglenni Radio byddai'n cyfarfod Mei Jones yn aml wrth i Mei gyfrannu at raglenni fel y gyfres ddychan boblogaidd *Pupur a Halen*. Pan ddaeth honno i ben fe'i dilynwyd gan gyfres lai cofiadwy oedd yn fath o sgit ar *Wythnos i'w Chofio*, efo Mei a Siân Wheldon ymhlith y perfformwyr. Yng nghyfnod darlledu'r gyfres honno y soniodd Elwyn Jones wrth Mei Jones am y gyfres *Trinity Tales*. Dywedodd y byddai'n hoffi gwneud rhaglen radio ar yr un patrwm, yn sôn am dîm pêl-droed ac yn canolbwyntio ar un cymeriad ym mhob rhaglen. Fedrai Mei ddim credu'r peth.

'Medda fi wrth Elwyn: "Ti'n jocio!" Dyma fi'n deud wrtho fo bod gan Alun Ffred a fi hanner cyfres yn union felly wedi ei gwneud yn barod a bod y sgriptiau ar ryw silff yn y BBC ers dwy flynedd.'

Doedd Elwyn Jones ddim wedi clywed y rhaglen beilot oedd wedi ei darlledu eisoes, nac yn gwybod am ei

bodolaeth. Roedd y ddau o fewn Radio Cymru oedd wedi bod yn delio â honno, Ifan Roberts a Gareth Lloyd Williams, wedi symud o'r BBC at S4C. Roedd y sgriptiau wedi eu cyflwyno wedyn i'r cynhyrchydd drama Dafydd Huw Williams, cyn iddo yntau hefyd godi pac ac ymuno â chwmni teledu annibynnol. Tua'r un adeg gadawodd Alun Ffred Jones ei swydd gyda HTV i ddilyn yr un trywydd, a dod yn un o gyfarwyddwyr cwmni Ffilmiau'r Nant yng Nghaernarfon. Cyn bo hir byddai Mei Jones ac yntau'n cydweithio'n broffesiynol ar gyfresi fel *Hywel Morgan*, *Deryn* a rhai o raglenni drama ddogfen y gyfres *Almanac*, gyda Mei yn sgriptio neu actio ac Alun Ffred yn cynhyrchu a chyfarwyddo. Roedd hi'n haws iddyn nhw ailgydio yn sgriptiau radio C'mon Midffîld, a'r ddau bellach yn byw yn y gogledd.

Darllenodd Elwyn Jones y sgriptiau, a phenderfynodd eu bod nhw'n werth eu darlledu. Doedd dim gwaith perswadio ar Meirion Edwards, golygydd Radio Cymru, oedd bob amser yn chwilio am syniadau newydd ac yn meddwl ei bod hi'n hen bryd cael sitcom ar yr orsaf. Cytunodd yntau y byddai C'mon Midffîld yn ateb y diben i'r dim.

Y cam nesaf i Elwyn Jones oedd castio'r gyfres newydd, gan roi llais i'r ddau awdur yn y penderfyniadau. Roedd hwn yn gast hollol wahanol i'r un oedd wedi cymryd rhan yn y rhaglen beilot. Dim ond Mei Jones oedd yn cadw'i le, ac roedd yntau'n newid o fod yn George i chwarae rhan Wali. Syniad Alun Ffred oedd hynny yn ôl Mei. Roedd yn teimlo fod angen cadw Wali rhag mynd dros ben llestri, a doedd yr un actor yn adnabod y cymeriad yn well na chydawdur y sgript.

Bu trafod go faith ynglŷn â phwy fyddai'n portreadu Mr Picton, y rheolwr unllygeidiog a'r athronydd talcen slip. Mae Alun Ffred yn cofio Stewart Jones yn cael ei ystyried, ond penderfynwyd y byddai hynny'n ei gwneud hi'n amhosib datgysylltu Picton ac Ifas y Tryc. Roedd Alun Ffred yn gwybod am ddoniau John Pierce Jones ar ôl i'r ddau fod yn gyd-fyfyrwyr ac yn rhannu tŷ ym Mangor, a'r dyn mawr o Fôn a ddewiswyd. Moi Jones oedd wedi argymell Siân Wheldon ar gyfer rhan Sandra. 'Mi o'n i'n teimlo'i bod hi'n berson byrlymus nad oedd wedi cael ei haeddiant,' meddai.

Llion Williams fyddai'n portreadu George Huws, y 'Bangor lad' a seren y tîm, oedd â'i lygad ar Sandra er mawr ofid i'w thad. Philip Hughes oedd y golwr Tecwyn Parri yn y ddwy gyfres gyntaf, a Dewi Rhys yn y drydedd. Byddai Catrin Dafydd, sef Kathleen Jones o Abersoch, yn ymddangos yn achlysurol fel Lydia Tomos, mam Wali, a chafodd hithau fwy o linellau i'w dwcud wrth i'r gyfres fynd yn ei blaen. Doedd Jean, gwraig Tecs, byth yn siarad, ac felly doedd dim angen neb i'w hactio ar y radio. Bob hyn a hyn byddai actorion eraill yn cael eu galw i mewn, fel Siw Hughes yn rhan Lowri o Dremeirchion a Trefor Selway yn actio pregethwr oedd hefyd yn reffarî. Byddai Alun Ffred yn cyfrannu ambell lais ychwanegol, fel bloedd o'r dorf neu bregeth gan y dyfarnwr, heb unrhyw gost ychwanegol i'r BBC.

'Roedden nhw'n griw oedd yn cael llawer o hwyl efo'i gilydd ac yn rhoi croeso i bawb oedd yn dod i mewn atyn nhw. Roedd yn bleser gweithio efo nhw,' meddai Elwyn Jones.

Er mwyn creu awyrgylch i'r gyfres penderfynodd Elwyn Jones recordio rhai golygfeydd ar gae pêl-droed Dinas Bangor yn hytrach nag yn y stiwdio. Roedd rhai o'r actorion wrth eu boddau yn cicio pêl, ac yma roedd rhwydd hynt iddyn nhw wneud hynny a recordio ar yr un pryd. Doedd dim angen iddyn nhw actio eu bod wedi colli eu gwynt, gan fod hynny'n digwydd go iawn. Y broblem fwyaf ar gae Farrar Road yn ystod y tymor pêl-droed oedd mwd, a hwnnw'n tueddu i effeithio ar y sŵn yn ogystal ag ar gydbwysedd corfforol yr actorion. Cafodd gweddill y criw fodd i fyw un tro wrth weld Mr Picton yn bytheirio ar y lein ac yn disgyn ar ei hyd yn y llaid. Roedd sôn mai hon fyddai'r rhaglen radio gyntaf yn hanes y BBC i hawlio costau golchi dillad. Oherwydd y broblem honno, symudodd y gweithgareddau i feysydd pêl-droed y Brifysgol oedd dipyn yn lanach.

Wrth baratoi ar gyfer y penodau byddai Elwyn Jones yn gofyn i'r peirianydd sain, Ieuan Clwyd Davies, fynd o gwmpas i chwilio am stoc o'r effeithiau angenrheidiol. Byddai hynny'n cynnwys mynd i feysydd pêl-droed yn ystod gêm ac aros – yn hir ambell dro – am sŵn torf yn dathlu gôl. Roedd angen i'r dorf fod yn un fach – fyddai benthyca tamaid o awyrgylch Match of the Day ddim yn argyhoeddi neb.

Un o fanteision gweithio dan faner y BBC oedd ei bod hi'n hawdd cael gafael ar bobol fel y gohebydd chwaraeon Ian Gwyn Hughes i wneud cyfweliadau fel nhw'u hunain yn ambell raglen. Recordiwyd cryn dipyn o sŵn fan Arthur Picton yn cael ei gyrru trwy strydoedd Bangor, a John Pierce Jones yn aml yn dweud ei linellau pan oedd wrth y llyw. Mae Elwyn Jones yn cofio, ar un o'r adegau hynny, i ddyn lleol ddod atyn nhw a gofyn beth oedden nhw'n ei wneud.

'Ninnau'n dweud ein bod ni'n recordio drama newydd i Radio Cymru. "Be 'di enw'r ddrama?" medda fo. "C'mon Midffîld," medda fi. "Argian fawr, pam na wnewch chi rwbath Cymraeg?" medda fo.'

Un diwrnod oedd hi'n ei gymryd i recordio pob rhaglen. Roedd hynny'n hen ddigon, yn ôl Elwyn Jones, er y byddai rhaglenni Llundain ar y pryd yn cymryd tridiau. Y drefn oedd recordio un bennod ar ddydd Sadwrn ac un arall ar y Sul, ar dri phenwythnos yn olynol i greu cyfres o chwech.

Byddai'n mynd yn ben set ambell dro cyn i'r ddau sgwennwr gyrraedd efo'r sgriptiau i'w teipio gan Gwen Evans, ysgrifenyddes Elwyn Jones, a'u rhoi i'r actorion.

'Y patrwm fel arfer,' meddai Alun Ffred, 'oedd bod Mei a finna'n trafod y stori, yn cytuno ar siâp y bennod ac yn eu sgwennu nhw bob yn ail. Wedyn mi fydden ni'n trio dod yn ôl at ein gilydd os oedd ganddon ni amser, ac weithiau mi fyddai ambell fwlch ar ôl i'w llenwi. Ro'n i, er enghraifft, yn cael trafferth sgwennu rhan George. Doeddwn i ddim yn medru'i glywed o rywsut. Dro arall mi fyddai Mei'n deud: "Mae Picton yn mynd i gael rant fan hyn, sgwenna di hi." Ro'n i'n mwynhau sgwennu Picton. Roedd pethau'n mynd dipyn bach yn dynn arnon ni yn aml iawn, ac mae'n siŵr fod rhai o'r sgriptiau o bob hyd a siâp. Roedd Mei wedi cael llawer o brofiad sgriptio efo Bara Caws a rhaglenni eraill felly fo oedd y golygydd fel petai. Dwi'n cofio un tro, a ninnau'n cyfarfod ar ddydd Mawrth neu ddydd Mercher. "Chdi sy'n gneud hon ynte?" meddwn i. "Naci, chdi," medda fo. Roedd 'na ryw ddryswch wedi bod a doedd gynnon ni ddim

sgript, felly roedd 'na hen sgwennu!'

Byddai'r criw yn cyfarfod yn y cantîn ym Mryn Meirion ar fore'r recordio i ddarllen y sgriptiau dros baneidiau o de a gwneud yn siŵr fod popeth yn gweithio, cyn mynd ati i recordio yn y stiwdio neu ar leoliad.

'Roedd pawb o'r criw yn deall ei gilydd mor dda fel nad oedd fawr o angen cynhyrchu arnyn nhw, dim ond ambell i "Wyt ti'n siŵr?" os oedden nhw'n bygwth mynd dros ben llestri,' meddai Elwyn Jones. 'Wedyn mi fyddwn i'n mwynhau'r dyddiau o ddybio a golygu a thorri popeth i ffitio'r slot hanner awr.

'Roedden ni'n ffyddiog y byddai'r gyfres yn llwyddo, oherwydd bod yr hiwmor a'r syniadau a'r cymeriadau mor arbennig, a'r geiriau mor glyfar. Roedd gen i ddiddordeb mawr fy hun mewn pêl-droed ond doedd dim rhaid gwybod dim byd am y gêm i fwynhau'r gyfres. Rhaglenni am bobol oedden nhw, er mai yn y byd pêl-droed yr oedd y gwahanol bethau'n digwydd.'

Braidd yn nerfus oedd pawb oedd yn ymwneud â'r gyfres wrth i'r rhaglen gyntaf gael ei darlledu amser cinio dydd Sadwrn, 25 Ionawr 1986. Roedd Alun Ffred yn gwrando arni yn ei gar yng Nghaernarfon ar ei ffordd i'w swyddfa yn Ffilmiau'r Nant.

'Dwi'n cofio meddwl i ddechrau nad oedd honno'n bennod ddigri iawn,' meddai. 'Ond wrth i'r gyfres fynd yn ei blaen roedd rhywun yn dechrau cael ymateb. Rhyw wragedd yn y capel, er enghraifft, yn dweud eu bod nhw'n mwynhau'r rhaglenni. Roedd hynny'n arwydd bod 'na rywbeth ynddyn nhw.'

Y peth calonogol i Elwyn Jones oedd clywed gan rai oedd yn gweithio i'r BBC yng Nghaerdydd fod rhai pobol yno hefyd yn gofyn: 'Ydach chi wedi clywed y gomedi newydd 'ma ar Radio Cymru?'

'Roeddan ni'n falch iawn o glywed fod hynny'n digwydd ar y stryd,' meddai Elwyn Jones.

Ar ôl recordio'r ail gyfres radio, a'r rhaglenni'n mynd yn fwy a mwy poblogaidd, dechreuodd Elwyn Jones boeni y gallai rhywun yn y BBC ddwyn y syniad a throi C'mon Midffîld yn gyfres deledu. Yn rhannol oherwydd y bygythiad hwnnw, dywedodd wrth ei olygydd, Meirion Edwards, ei fod yn bwriadu comisiynu trydedd cyfres gan yr awduron.

'Os mai dyna dy farn di, archeba nhw,' meddai Meirion Edwards. 'Ond cofia mai dy gyfrifoldeb di fydd o os na fyddan nhw'n llwyddo.'

Ar ddiwedd y drydedd gyfres yn 1987 roedd y rhaglen yn dal mor boblogaidd ag erioed, ond wnaeth y BBC ddim comisiynu mwy o gyfresi ar gyfer y radio na theledu. I'r criw oedd wedi bod yn ymwneud â hi roedd hynny'n dipyn o syndod.

'Roedd yr ymateb o'n i'n 'i gael ar y stryd ym Mhwllheli yn dangos o'r dechrau un bod hon am fod yn boblogaidd,' meddai Siân Wheldon. 'Mi oedd 'na ddynion yn dod at ei gilydd i wrando ar y rhaglen ar bnawnia Sadwrn. Ond wrth gwrs wnaethon ni erioed feddwl y basan ni'n cael y ffasiwn ymateb â'r hyn gaethon ni unwaith aeth C'mon Midffîld ar y teledu.'

Awel groes

Yn y *Sun* ar 24 Mehefin 2013, cyhoeddwyd: '*Fans of genteel radio soap* The Archers *were stunned when one of its main characters FARTED*.' Ymateb un o'r gwrandawyr, meddai'r papur, oedd:

'This is the end of civilisation as we know it.'

Methu â deall y stŵr yr oedd Elwyn Jones, cynhyrchydd cyfresi radio C'mon Midffîld, pan glywodd y stori. Roedd Bryncoch ymhell ar y blaen i Ambridge yn y maes dan sylw. Meddai Elwyn:

'Roedd rhyw raglen ar Radio 4 yn gwneud môr a mynydd o'r ffaith fod rhywun ar yr *Archers* wedi gollwng gwynt yn un olygfa. Argol fawr, meddwn i, mae hyn wedi digwydd ar C'mon Midffîld flynyddoedd yn ôl. Roedd pob actor yn ei dro yn gwneud rhyw sŵn arbennig ar gyfer ei recordio, a finnau wedyn yn gorfod penderfynu p'run oedd y gorau. Roedd hwnnw'n gyfnod drewllyd iawn yn hanes y gyfres.'

Does dim cofnod o bwy oedd yr enillydd, na bod neb o'r gwrandawyr wedi cwyno am ddiwedd gwareiddiad.

Ar y Bocs

'Transffer Bryncoch United'

'Bryncoch United ar y teli'

'Laughter is the goal in this soccer sitcom'

Dyna rai o'r penawdau a gyhoeddodd ymddangosiad cyntaf C'mon Midffîld ar S4C ar nos Wener yn Nhachwedd 1988. Dim ond deng mis oedd wedi mynd heibio ers i'r rhaglen radio olaf gael ei darlledu, oedd yn hwylus i'r actorion a fyddai'n cadw'r un rhannau, er nad oedd yn rhoi llawer o amser paratoi i'r tîm cynhyrchu.

Doedd neb yn y BBC wedi dangos diddordeb mewn trosglwyddo'r gyfres o'r sain i'r sgrin, a daeth hynny â chyfle i Alun Ffred Jones, fel cynhyrchydd a chyfarwyddwr efo Ffilmiau'r Nant. Ei arbenigedd, fel un o dri chyfarwyddwr y cwmni, oedd rhaglenni drama. Cam naturiol iddo felly oedd ceisio gwerthu'r syniad am gomedi sefyllfa C'mon Midffîld i gomisiynwyr S4C.

'Mi wnes i ei chynnig hi iddyn nhw fwy nag unwaith. Dipyn bach yn llugoer oedd yr ymateb,' meddai. 'Ond yn y diwedd mi ddwedwyd "OK". Felly roeddan ni'n wynebu her go sylweddol.'

Er mai ar hap a damwain y digwyddodd y parhad o'r naill gyfrwng i'r llall, roedd pawb oedd wedi ymwneud â'r rhaglenni radio yn teimlo fod hynny'n baratoad gwerthfawr ar gyfer y cyfresi teledu. Roedd Mei Jones ac Alun Ffred wedi datblygu dealltwriaeth ac yn gweithio ar yr un donfedd. Roedd y rhan fwyaf o'r actorion yn cadw'r un rhannau ac wedi dod yn gartrefol efo'u cymeriadau. Ym marn Mei Jones fe allai'r rhaglenni teledu fod wedi mynd i drafferthion yn gynnar iawn yn eu hoes oni bai am y gwersi a ddysgwyd yn ystod y tair cyfres radio.

Yn Lloegr ar ddechrau'r 1980au roedd y gomedi *Only Fools and Horses* wedi cael dechrau siomedig, ac wedi bod o fewn dim i gael ei chladdu gan y BBC ar ddiwedd yr ail gyfres. Un rheswm am hynny, yn ôl Mei Jones, oedd bod yr actorion heb gael gafael iawn ar eu cymeriadau. Cael a chael oedd hi, ond ar ôl cael cyfle arall fe enillodd ei phlwy a datblygu'n un o glasuron y sitcom. Llwyddodd C'mon Midffíld i osgoi argyfwng felly oherwydd y paratoi trylwyr a gafwyd ar Radio Cymru.

Wrth drafod sut i rannu'r gwaith, cytunwyd fod gan Alun Ffred ddigon ar ei ddwylo yn cynhyrchu a chyfarwyddo'r rhaglenni ac mai Mei Jones fyddai'n gyfrifol am addasu neu sgrifennu'r sgriptiau i gyd. Mae rhai o'r sgriptiau hynny'n debyg iawn i rai o'r deunaw sgript radio, eraill yn cynnwys darnau o'r sgriptiau radio, ac amryw o'r sgriptiau teledu yn wreiddiol i gyd.

Byddai Mei'n cyflwyno'r sgript, a'r ddau wedyn yn trafod beth oedd yn gweithio a beth oedd angen ychydig o addasu. Roedd yr actorion hefyd wedi hen arfer trin sgriptiau ac weithiau'n awgrymu ambell newid os nad oedd rhywbeth yn taro deuddeg.

Ond anaml y byddai hynny'n digwydd. Roedd pawb yn gwerthfawrogi fod y sgriptiau'n gweithio'n dda fel yr oedden nhw.

Petai C'mon Midffíld wedi cychwyn fel cyfres deledu, fe allai actorion go wahanol fod wedi eu dewis i bortreadu'r gwahanol gymeriadau. Y lleisiau a'r llefaru oedd yn bwysig ar y radio, nid sut oedd rhywun yn edrych. Ond y dewis wrth newid cyfrwng oedd newid y cast yn gyfan gwbl, neu fanteisio ar brofiad y rhai oedd yno'n barod a gweithio i ddatrys unrhyw broblemau pryd a gwedd.

'Doedd yr oed ddim cweit yn iawn bob amser,' meddai Alun Ffred. 'Mi oedd John Pierce Jones braidd yn rhy ifanc i chwarae rhan Picton, a Siân Wheldon fymryn yn hen i fod yn ferch iddo fo. Doedd Llion ddim cweit yn edrych fel George. Roedd hwnnw i fod yn rhyw labwst mawr cry. A doedd gynnon ni ddim Tecs o gwbl. Mi oedd Dewi Rhys wedi bod yn gwneud y rhan ond mae'n siŵr y basa fo'i hun yn deud nad oedd o cweit yn ffitio'r ddelwedd. Mi gafodd ran fach wedyn fel Brian Fawr. Rhaid bod y cast wedi clywed am y trafod oedd yn mynd ymlaen achos mi glywais i fod Llion wedi deud y bydda fo'n cwffio am ei ran fel George! Yn y diwedd dwi'n cofio Mei a finnau'n deud: "Mae'r rhain yn gwybod sut ma' gwneud y cymeriadau ac maen nhw i gyd yn actorion da. Felly mi gadwn ni atyn nhw."'

Yr Actorion

John Pierce Jones

Arthur Picton

Argraff go wael wnaeth rhaglen gyntaf C'mon Midffild ar John Pierce Jones. Doedd gan yr actor o Fôn a ddaeth yn enwog fel Arthur Picton ddim rhan yn y rhaglen beilot honno ar y radio yn nechrau'r wyth degau. Ond gwrandawodd arni – a chael ei siomi

Roedd Alun Ffred a finnau'n gyfeillion, a phan glywais i fod ganddyn nhw ddrama am dîm ffwtbol ar Radio Cymru mi wnes bwynt penodol o wrando,' meddai. 'A bod yn hollol onest, ro'n i'n meddwl 'i bod hi'n ddiawchedig. Roedd o fel tasa pawb o'r actorion am y gorau i fynd dros y top. Fedrwn i ddim credu gair oedd neb ohonyn nhw'n ddweud. Soniais i ddim byd wrth y criw, wnes i ddim ffonio neb, ond ro'n i'n meddwl ei bod hi'n llwyth o bw pw!'

Teimladau go gymysg oedd ganddo ryw bedair blynedd yn ddiweddarach, pan gafodd wahoddiad i gyfarfod Alun Ffred a Mei Jones yn nhŷ Mei ym Mangor. Roedd wedi clywed rhyw si beth oedd pwrpas yr alwad.

Dyma nhw'n dweud eu bod nhw wedi sgwennu drama a'i bod hi'n mynd i gael ei gwneud yn gyfres radio, am dîm ffwtbol. Mi ddaeth y rhaglen beilot yn syth yn ôl i mi. Oeddan nhw'n mynd i gynnig rhan i mi yn y rybish yma? Dyma nhw'n esbonio na fyddai'r gyfres yr un fath â'r peilot, bod llawer wedi newid. Mi ddechreuwyd trafod y cymeriad Picton, a gofyn oedd gen i ddiddordeb. Wel oedd, achos mi oedd hi'n amser gwan iawn arna i o ran gwaith. Fydda gen i fawr o ddewis ond derbyn.

Mi ges i'r sgript i'w darllen, a wir doedd hi'n ddim byd tebyg i'r cof oedd gen i am y peilot, er mai'r un rhaglen oedd hi. Roedd y sgript yma'n ddigri. Ac mi o'n i'n nabod cymeriad Picton yn syth, heb orfod mynd i chwilio amdano. Dau beth oedd Niwbwrch 'cw yn enwog amdanyn nhw yn y pum degau oedd tîm ffwtbol a chôr. Griffiths Plisman oedd yn rhedeg y tîm ffwtbol. Mi fyddan nhw'n cyfarfod ar nos Lun i ddewis y tîm at ddydd Sadwrn ac yn dadlau bron at daro tan hanner nos cyn dod i ryw fath o ddealltwriaeth. Ond pan fydda'r tîm yn cael ei ddangos yn ffenest y post ar bnawn dydd Mawrth doedd o'n ddim byd tebyg i'r un oedd wedi'i gytuno. Hwn oedd y tîm roedd Griffiths Plisman wedi meddwl amdano fo yn y lle cynta, a fynta wedi anwybyddu barn pawb arall yn llwyr. Yr union beth fasa Picton yn wneud. Dyna oedd yn dda am y gyfres – mae pawb ym mhob ardal yn nabod Picton ac yn medru uniaethu efo'r math yna o gymeriad.

'Ro'n i'n falch erbyn hynny 'mod i wedi clywed y rhaglen beilot. Roedd honno'n rhoi cyfle i rywun weld beth oedd y gwendidau. Y camgymeriad oedd chwarae yn erbyn y cymeriadau yn hytrach nag efo nhw. Roedd angen chwarae'r peth mor gredadwy ag oedd yn bosib, credu'n llwyr yn y cymeriadau. Ac wrth gwrs mi oedd yn fantais bod Mei a Ffred wedi bod yn chwarae pêl-droed ar y lefel yna. Roeddan nhw'n medru dod â'r straeon 'ma at ei gilydd, ac mi weithiodd yn rhyfeddol.'

Er bod pawb yn credu eu bod nhw'n gwybod ar bwy y seiliwyd cymeriad Arthur Picton, gyda Lloyd Thomas o Bontrhydfendigaid yn uchel ar y rhestr, maen nhw i gyd yn anghywir yn ôl Mei Jones. Mae'n dweud mai'r un a ysbrydolodd y cymeriad oedd ei reolwr yn nhîm Llandegfan ar Ynys Môn. Un ar bymtheg oed oedd Mei pan gollodd y tîm o chwe gôl i ddim yn erbyn Llangoed, a'r Sadwrn canlynol roedden nhw'n chwarae yn rownd gynderfynol gêm gwpan. Yn ei ddicter, penderfynodd y rheolwr, Gwilym Jones, fod yn rhaid dial ar rywun am y perfformiad gwael yr wythnos cynt. Y ffordd rwyddaf i wneud hynny oedd beio aelod ieuengaf yn y tîm, a rhoi'r *drop* i Mei Jones. Ond pan ddaeth diwrnod y gêm, roedd rhai o'r cefnogwyr yn dechrau holi'r rheolwr lle'r oedd yr hogyn ifanc. Pam nad oedd Mei yn chwarae?

'Mi synhwyrodd ei fod o wedi gwneud camgymeriad,' meddai Mei, 'ac mi ddeudodd y peth cynta ddaeth i'w ben o, sef: "Mae o wedi torri'i goes!". Doedd 'na ddim gwirionedd o gwbwl yn hynny. Mae 'na lawer o Gwilym Jones yn Picton. Dwi'n meddwl mai dyna oedd yr ysgogiad ar gyfer C'mon Midffîld yn yr isymwybod, yr awydd i ddial ar Gwilym Jones.'

Roedd gan y rheolwr hyd yn oed ferch ddeniadol y byddai rhai o'r chwaraewyr yn ei ffansïo, er mawr ofid i'w thad, meddai. Mae'n wir serch hynny fod Mei Jones, fel Bryn Fôn, wedi chwarae yn nhîm y chwedlonol Lloyd Thomas ym Mhontrhydfendigaid, a bod rhai o'i antics yn debyg ryfeddol i rai Picton. Cawn sôn mwy am hynny eto, ond yn ôl Alun Ffred, os oedd unrhyw un wedi gosod ei stamp ar gymeriad Mr Picton, John Pierce Jones ei hun oedd hwnnw.

Doedd John erioed wedi gweld ymateb tebyg i raglen radio â'r hyn a gafodd C'mon Midffîld. Byddai cefnogwyr timau pêl-droed pentrefi Môn yn trefnu bysys i fynd i'r gemau oddi cartref yr adeg honno, ac yn gwrando ar C'mon Midffîld ar y daith.

'Mi oedd hi'n llwyddiant ysgubol ar y radio. Dwi'n cofio Meirion Edwards yn mynd â'r criw i gyd allan am bryd o fwyd un 'Dolig i'n llongyfarch ni. Roedd o fel mynd yn ôl i'r cyfnod pan o'n i'n hogyn a radio yn ei fri, pawb yn sôn am raglenni fel *Camgymeriadau*, *Noson Lawen* a *Pawb yn ei Dro*. O'n i'n meddwl bod y cyfnod hwnnw drosodd am byth, ond roedd hyn yn ddigon tebyg.'

Roedd Alun Ffred ac yntau wedi bod yn rhannu fflat am dair blynedd yn ystod eu dyddiau coleg ym Mangor, ac wedi cadw cysylltiad trwy'r blynyddoedd. Ers sefydlu Ffilmiau'r Nant bu'r ddau'n cydweithio ar raglenni teledu gan gynnwys dramâu dogfen yn y gyfres *Almanac* a thair cyfres o *Deryn*.

Doedd poblogrwydd y cyfresi radio ddim o angenrheidrwydd yn golygu llwyddiant ar y teledu wrth gwrs. Roedd gan bob un o'r gwrandawyr ei ddarlun ei hun o Picton, ac roedd angen sicrhau na fydden nhw'n cael eu dadrithio'n ormodol wrth ei weld am y tro cyntaf. Un o'r problemau oedd bod John Pierce Jones gryn bymtheng mlynedd yn iau nag Arthur Picton. Roedd hynny'n dipyn o her i'r merched coluro oedd yn gweithio yn un o selerydd Moreia, hen gapel yng Nghaernarfon lle'r oedd pencadlys Ffilmiau'r Nant. Y gamp gyntaf oedd troi'r cnwd o wallt du yn wyn.

'Doeddwn i ddim isio gwisgo wig,' meddai John. 'Maen nhw'n edrych fel wigs, ac yn hen betha trafferthus. Mi fyddai'n golygu dechrau awr yn gynharach yn y bore. Yr unig ddewis arall oedd lliwio'r gwallt. Roedd gynnon ni bythefnos o ymarfer ar gyfer y rhaglen gynta, cyfle i bawb siarad a chael gafael ar y cymeriadau. Y camgymeriad wnaethon ni oedd gadael busnes y gwallt tan ddydd Mercher neu ddydd Iau'r ail wythnos ymarfer, a ninnau'n dechrau ffilmio'r dydd Llun wedyn. Helen Tucker, merch o Fryste, oedd yn gyfrifol am y colur. Dyma hi'n lliwio 'ngwallt i, ond yn lle troi'n wyn mi aeth yn goch. Erbyn y pedwerydd *bleach* roedd croen fy mhen i'n dechrau gwaedu. Roedd y gwallt yn wyn yn y tu blaen a'r gweddill ohono fo'n goch fel moronen. Y broblem, meddan nhw, oedd bod yna rywfaint o liw coch naturiol yn y gwallt – *too much red pigmentation* oedd yr eglurhad technegol. Roedd y gwallt yn y tu blaen yn beth oeddan nhw'n alw'n *virgin hair* ac felly'n troi'n wyn fel oedd o i fod i wneud, ond wnâi'r gweddill ddim.

'Mi fasa gwneud wig bwrpasol wedi cymryd pythefnos i dair wythnos, a ninnau'n dechrau ffilmio o fewn yr wythnos. Felly mi ofynnais i'r merched am bot o Brylcreem a phlastro hwnnw ar fy ngwallt a'i gribo fo'n ôl fel bwled. Mi oedd hwnnw'n tywyllu rhywfaint ar y coch, a'r cyrion yn dal yn wyn. Oherwydd bod Picton yn ddyn gwyllt, gwirion mi oedd y gwallt od 'ma'n ei siwtio fo i'r dim. Hap a damwain oedd y gwallt. Ond mi weithiodd.'

'Mi oedd y gyrlan wen yn y ffrynt yn ychwanegu ato fo rywsut – fasa rhywun ddim yn medru creu peth felly,' meddai Alun Ffred 'Doedd o ddim yn ddrwg pan oedd ei wallt o wedi'i gribo'n ôl ond unwaith roedd o wedi'i olchi fo mi oedd o'n gwneud iddo edrych dipyn bach yn ferchetaidd.'

'Mi fyddwn i'n gadael y Brylcreem arno fo trwy'r wythnos a rhoi lliain sychu llestri ar y gobennydd yn y nos,' meddai John. 'Ond ar y nos Wener ro'n i'n ei olchi fo ac mi fydda'r gwallt yn mynd i bob man. Mi fyddwn i'n mynd i nofio'r adeg honno, ac mi fydda hynny'n gwneud i'r gwyn yn y gwallt droi'n rhyw liw *lime green*.'

Byddai'n osgoi mynd allan fwy nag oedd raid mewn llefydd fel Caerdydd. Wrth ymweld â chlwb nos yn Nulyn yn y cyfnod hwnnw bu'n dechrau pob sgwrs trwy ddweud: *'I'm an actor from Wales and I don't normally look like this.'*

Erbyn ail gyfres C'mon Midffild roedd John wedi cael llond bol ar y strach, a phenderfynodd y byddai wig yn llai o drafferth wedi'r cyfan. Felly mi gomisiynwyd wig oedd yn efelychiad perffaith o'r gwallt amryliw oedd ganddo yn y gyfres gyntaf. Yn ddiweddarach, aed yn ôl at y dull gwreiddiol o liwio'r gwallt.

'Mi oedd o'n fwy o ryw liw *chestnut* erbyn hynny ac mi ddeudodd rhywun 'mod i'n edrych yn debyg i ddyn oedd yn gwneud ffilmiau *porn*,' meddai.

O leiaf roedd pawb oedd wedi gwylio'r rhaglen yn ei adnabod yn syth bin, a gallai hynny greu ambell sefyllfa ryfedd.

'Waeth lle aech chi, mi oeddach chi'n cael eich mobio. Dwi'n cofio mynd i siop chips yn Borth, er enghraifft, a'r lle'n llawn o bobol, a dyma nhw i gyd yn dechra gweiddi: "O, ma Mr Picton yn byta chips!"'

Un noson roedd yn gyrru adref o barti, heb yfed yr un dafn, ac yn rhoi lifft i'r actores Morfudd Hughes adref i Lanfairpwllgwyngyll.

'Roeddan ni'n nesáu at ei thŷ hi ac mi welais olau glas yn fflachio. Dyma'r plisman yn edrych ar deiars y car a rhoi golau yn fy ngwyneb. Agorais inna'r ffenest.

"Duwcs, sut mae o heno?" medda fo, yn siarad yn y trydydd person 'run fath â Lydia Tomos. Dyma finnau'n ateb yr un fath: "Mae o'n iawn diolch."

"Mr Picton sy'n fama," medda fo wrth ei fêt. "Lle mae Mr Picton wedi bod heno? Ydi Mr Picton wedi bod yn yfed?"

'Mi fu bron imi ddeud: "Mae'n siŵr ei fod o ond dydw i ddim," ond roedd yn well peidio bod yn rhy glyfar. "Nag ydw wir cofiwch," medda fi.

"Ma'n well inni jecio. Ydi Mr Picton wedi chwythu i un o'r rhain o'r blaen...? Dew, mae Mr Picton yn deud y gwir hefyd." Ac fel ro'n i'n gadael dyma fo'n deud: "Cyn i chi fynd Mr Picton, fasach chi ddim yn seinio hwn i'r hogyn 'cw?"'

Yn 1990 cafodd John ei daro'n wael gydag afiechyd ar y pancreas, a bu'n rhaid iddo gael llawdriniaeth fawr. Llwyddodd i ddal ati, er ei fod dan straen fawr pan aeth y criw i'r Eidal i ffilmio ar gyfer yr ail bennod yn y drydedd gyfres deledu.

'Mi o'n i'n diodde'r adeg honno ac yn gorfod gwylio beth o'n i'n wneud, a mynd i 'ngwely'n gynnar bob nos. Ond mi oedd Ffred yn dda iawn ac os oedd 'na unrhyw broblem mi oedd 'na gar i fynd â fi adra'n syth. Ond erbyn inni ddod yn ôl o'r Eidal mi oedd popeth drosodd ac roeddwn i'n iach fel cneuen.'

Cawn fwy o hanes y daith i'r Eidal yn nes ymlaen.

Oherwydd prinder amser, heb sôn am liw rhyfedd ei wallt, fyddai hi ddim wedi bod yn hawdd i John wneud gwaith actio arall yn ystod cyfnod C'mon Midffîld, er y byddai'n sgwennu sgriptiau i raglenni fel *Pobol y Cwm* a *Teulu'r Mans*. Am gyfnod hir wedyn roedd yn cael ei gysylltu mor gryf â Mr Picton fel bod rhannau actio braidd yn brin yn Gymraeg. Byddai'n gwneud pethau Saesneg o dro i dro, ond yn Gymraeg mae'n dal i gael ei gysylltu'n bennaf ag Arthur Picton. Daw gwahoddiadau'n aml i berfformio fel Picton mewn nosweithiau llawen neu i godi arian at achosion da. Bydd hefyd ambell dro'n cael cais i fynegi barn awdurdodol ar raglenni pêl-droed ar y radio. Y broblem ydi nad oes gan John Pierce Jones, yn wahanol i Arthur Picton, damaid o ddiddordeb mewn chwaraeon.

'Dwi'n gwybod dim byd am ffwtbol,' meddai. 'Dwi'n dilyn ychydig ar dîm yr Urdd yng Nghaerdydd lle mae Iwan, fy mab, yn chwarae. Ond soniwch am ryw gêm Manchester United a does gen i ddim syniad pwy ydi neb na dim. Dwi ddim yn gwybod y gwahaniaeth rhwng off-seid a phenalti. Sgin i ddim byd o gwbl i'w ddeud wrth y gêm.'

Priodas
Mr Picton

Roedd un o gyfresi olaf C'mon Midffíld yn cael ei dangos yng Nghymru pan benderfynodd John Pierce Jones ac Inge Hanson briodi yng nghapel Cymraeg Los Angeles. Americanes yw Inge a doedd y ddau fawr o awydd cael yr holl sylw y byddai priodas Mr Picton yn siŵr o'i ddenu yng Nghymru. Yn Los Angeles fuasai neb yn eu hadnabod.

Mae'r capel yn agos at ganol y ddinas, mewn ardal oedd unwaith yn ddigon parchus ond sydd erbyn hyn yn gartref i nifer o gangiau Hispanig. Roedd drysau'r capel yn arfer cael eu cloi yn ystod gwasanaeth, a phobl yn rhoi sieciau yn y blwch casgliad ar ôl i ladron fod yn dwyn yr arian. Roedd weiren bigog uchel o gwmpas y maes parcio, a doedd hi ddim yn hawdd i neb nad oedd yn gyfarwydd â'r ardal ddod o hyd i'r lle yng nghanol y strydoedd cefn.

Doedd neb yn bresennol yn y gwasanaeth priodas heblaw Inge a John, chwaer Inge a'i gwr, ffoto-graffydd a'r gweinidog – gwraig oedd wedi dysgu Cymraeg ac yn cynnal y seremoni yn ddwyieithog.

Fyddai'r capel ddim fel arfer yn agored ar ddydd Sadwrn, a doedd neb wedi meddwl cloi'r drws, fel y byddai blaenor wedi gofalu gwneud ar ddydd Sul.

Yn sydyn, ar ganol y gwasanaeth, dyma ddrws yn agor yn araf, a gŵr penwyn yn cerdded i mewn a'i wraig yn ei ddilyn. Dyma'r ddau yn edrych yn syn ar y pâr priod ac yn dweud: 'Jiw jiw, Mr Picton!'

Roedden nhw wedi cael yr argraff mai priodas ar gyfer ei ffilmio oedd yn digwydd ac nid priodas go iawn.

Pobl o Lanbedr Pont Steffan oedden nhw, wedi dod yn rhan o griw ar wyliau i Galiffornia. Tra oedd y gweddill wedi mynd ar daith o amgylch Universal Studios, roedd y cwpwl yma wedi llogi tacsi i fynd â nhw i weld y capel – heb freuddwydio y bydden nhw'n dod wyneb yn wyneb ag Arthur Picton.

Mewn angladd yng Nghymru'n fuan wedyn daeth y nofelydd Islwyn Ffowc Elis draw at John Pierce Jones i'w longyfarch ar ei briodas. Roedd wedi clywed hanes y briodas gan ei gymdogion yn Llanbed, sef y cwpwl oedd wedi eu cyfarfod yn y capel Cymraeg yn Los Angeles.

Siân Wheldon

Sandra Picton

Os oedd antur gwallt Mr Picton yn dipyn o gur pen i John Pierce Jones, profiad digon pleserus i Siân Wheldon oedd paratoi ar gyfer chwarae rhan ei ferch, Sandra.

'Mi oedd o'n gyfnod reit ddifyr i mi, achos mi o'n i'n hŷn na'r oed o'n i'n ei actio, ac felly'n gorfod gwneud tipyn o waith ymchwil. Be o'n i'n wneud oedd mynd i'r Majestic, clwb yng Nghaernarfon sydd wedi hen ddiflannu bellach, a sylwi ar y genod ifanc 'ma, gweld beth oeddan nhw'n wisgo, gwrando ar sut oeddan nhw'n siarad. Roedd yn rhaid codi goslef y llais i wneud iddo swnio'n fengach, a chreu cymeriad o ardal Caernarfon. Roedd 'na gymaint o ffactorau yn mynd law yn llaw efo creu'r cymeriad. Er enghraifft, roedd y ffordd yr oedd hi'n siarad efo'i rhieni yn wahanol iawn i'r ffordd y baswn i'n siarad efo fy rhieni fy hun. Roedd yn rhaid imi greu'r hyfdra hwnnw iddi allu rhoi row i'w thad. Mi fues i hyd yn oed yn mynd i glwb yr Octagon ym Mangor i ddawnsio a gwrando ar y gerddoriaeth, a gweld sut fath o bethau oedd pobol ifanc yn eu gwneud bryd hynny. Ro'n i'n gorfod bod yn ymwybodol o fy mhwysau hefyd yn ystod y ffilmio, ar gyfer mynd i'r Eidal a gwisgo shorts a phetha felly. Ro'n i'n i'n byw yn y gampfa'r adeg honno.'

Roedd Siân Wheldon â'i bryd ar fynd i actio yn ferch ifanc ym Mhwllheli, a chafodd ei derbyn i wneud cwrs perfformio yng Ngholeg Cerdd a Drama Cymru yng Nghaerdydd. Ond fel llawer o Gymry Cymraeg ar y pryd, roedd ei mam yn meddwl y byddai'n well iddi gael gyrfa fwy 'diogel' ac aeth i Goleg y Drindod yng Nghaerfyrddin i gael cymhwyster athrawes. Yno daeth dan ofal Norah Isaac yn yr adran Ddrama Gymraeg. Ar ddiwedd ei chwrs ymunodd â chwmni Theatr y Werin, Aberystwyth, fel aelod o'r tîm theatr mewn addysg.

'Roedd hynny'n gyfle imi gyfuno'r ddau ddiddordeb oedd gen i – drama a dysgu – a dyna'r brentisiaeth orau allech chi ei chael,' meddai. 'Roedden ni'n mynd rownd ysgolion Ceredigion yn gwneud dwy sioe mewn diwrnod a phawb yn gwneud tipyn o bopeth: sgriptio, cyfarwyddo, adeiladu setiau, peintio, tynnu'r set i lawr.'

Bu wedyn yn gweithio mewn theatr addysg ar Ynys Môn, ac yna'n ddi-waith am flwyddyn cyn i S4C ddod i'r adwy.

'Roedd 'na gymaint o bethau'n digwydd yng Nghaerdydd a dim llawer ym Mangor heblaw'r BBC a Chwmni Theatr Cymru,' meddai. 'Mi fasa f'enaid i'n marw taswn i'n gorfod mynd i ddinas fawr i fyw. Ond mi gafodd fy mreuddwydion eu gwireddu pan ddechreuodd S4C efo llawer o gwmnïau'n cael eu sefydlu yn y gogledd. Mi ddois ar draws Mei Jones ac mi fuon ni'n gwneud y gyfres *Gwely a Brecwast* efo'n gilydd, yn actio gŵr a gwraig. Wedyn mi wnaeth y ddau ohonon ni gyfres efo Norman Williams ar y radio. Fel yna y dois i i nabod Mei a thrwy hynny y daeth y cyfle i ddod yn rhan o C'mon Midffîld.

Y sgriptiau oedd y sylfaen i lwyddiant y rhaglenni, meddai.

'Roedd llawer o'r gwaith caled wedi'i wneud efo'r rhaglenni radio. Roedd Mei wedi gweithio pethau allan fel rhyw fformiwla fathemategol fawr a dod â phob math o bethau i mewn i'r broblem, ac Alun Ffred ac yntau wedi cael hynny i weithio wrth wneud y rhaglenni radio. Does 'na ddim llawer o gomedïau wedi gweithio fel'na. Roedd y sgript yna inni ond mater i ni wedyn oedd gosod stamp ar y cymeriad. Ella basa actores arall wedi portreadu Sandra yn hollol wahanol, ond fel'na ro'n i'n ei gweld hi.'

Swyddogaeth Sandra a Tecwyn oedd bod yn ddau o bobol gall yng nghanol y gwallgofrwydd o'u cwmpas. Hi oedd yn ceisio cadw trefn ar Arthur Picton a George, a dal pen rheswm efo Wali. Doedd dim llawer o olygfeydd rhwng Sandra a Tecs.

'Efo partneriaid enwog fel Morecambe and Wise, fasa'r un gwirion ddim yn wirion oni bai am yr un call. Y ffordd y mae'r actor strêt yn deud ei linella sy'n creu'r comedi.'

Roedd ymateb gwylwyr o bob oed yn rhywbeth nad oedd yr un o'r actorion wedi ei brofi o'r blaen. Ymhlith merched ifanc roedd Sandra hyd yn oed yn dylanwadu ar y byd ffasiwn.

'Mi fyddai mamau'n dod ata' i i gwyno eu bod nhw'n cael trafferth cael eu genod bach i'r ysgol ar amser am eu bod nhw isio gwisgo 'run fath â Sandra, a hyd yn oed gwneud eu gwallt yr un fath â hi. Un o'r ffefrynnau oedd sgert fach denim a thop o wahanol liwiau, a'r gwallt fel cynffon ceffyl ar y top a hanner arall y gwallt i lawr. Roedd hyn yn peri gofid mawr i rieni achos ei fod o'n gwneud y plant yn hwyr i'r ysgol.'

Roedd yna ochr fwy cadarnhaol hefyd i'r cwlt C'mon Midffîld. Doedd dim modd i'r actorion fynd allan o'u tai yn y cyfnod hwnnw heb i rywun fynd atyn nhw i sôn am y bennod ddiweddaraf neu ddamcaniaethu ynglŷn â phwy yn eu tref neu bentref nhw oedd yn debyg i Picton neu Wali.

'Roedd y peth yn rhan o 'mywyd i erbyn hynny,' meddai Siân. 'Mi allwn i fynd allan i'r dre i brynu tun o fwyd cath a pheidio cyrraedd yn ôl am dair awr.

'Mae un atgof arbennig wedi aros yn fy nghof. Ro'n i'n cerdded ar hyd y Stryd Fawr ym Mhwllheli a dyma lais yn gweiddi f'enw i o'r tu cefn i mi. Mi drois i rownd ac mi ddaeth y wraig 'ma ata i â'i gwynt yn ei dwrn. Isio diolch oedd hi i aelodau cast C'mon Midffîld am wneud i'w mab chwerthin am y tro cynta ers misoedd. Roedd y mab wedi bod yn dioddef o iselder ysbryd drwg iawn ac wedi bod at ddoctoriaid a seiciatryddion di-ri. Yr hyn ddaeth â fo allan o'r iselder oedd gwylio C'mon Midffîld ac mi oedd y fam mor ddiolchgar i'r gyfres am ei wella.'

Wrth i'r gyfres ddod yn fwy poblogaidd roedd mwy 'o alw ar aelodau'r cast i agor ffeiriau ysgol neu ffeiriau gwanwyn neu garnifalau. Un o'r dyletswyddau mewn carnifal oedd beirniadu'r wisg ffansi, a gallai hynny fod yn broblem.

'Be wnewch chi pan mae 'na ddwsin o Walîs o bob lliw a llun o'ch blaen chi, y rheini o bump i bymtheg oed a chithau'n gorfod dewis un enillydd? Ar adegau felly roeddwn i'n difaru i mi dderbyn y fath gyfrifoldeb. Roeddech chi'n gweld eich poblogrwydd fel un o gymeriadau C'mon Midffîld yn diflannu'r eiliad yr oedd yr enillydd yn cael ei gyhoeddi.'

Bryn Fôn

Tecwyn Parri

Bryn Fôn oedd yr unig brif aelod o'r cast oedd heb weithio ar y tair cyfres radio. Doedd o chwaith ddim wedi gwrando ar y rhaglenni hynny, gan fod ganddo bethau eraill i'w gwneud ar bnawn dydd Sadwrn. Philip Hughes a Dewi Rhys oedd wedi chwarae rhan Tecs, ac yn ôl Bryn: 'mae'n rhaid bod y ddau ohonyn nhw'n rhy hyll i fod ar deledu!'

Cael a chael oedd hi a fyddai yntau'n derbyn y cynnig i fod yn golwr a chapten Bryncoch United.

'Mi ofynnwyd i mi, a doeddwn i ddim yn siŵr iawn beth i'w wneud o'r holl beth. Mi gaethon ni ddarlleniad a do'n i ddim yn gwybod beth i'w wneud o Tecwyn, o'n i'n methu cael ei nodyn o, ddim yn gwybod sut i'w bitsio fo. Mi fuo 'na sgyrsiau hir rhwng Mei a Ffred a finnau i weld lle i'w osod o. Mae 'na ryw ddeuoliaeth yn Tecs, mae o yno ers tro byd ac yn amlwg wedi bod yn chwarae pêl-droed er pan oedd o'n ifanc iawn. Mae o rŵan wedi mynd dipyn bach yn hen ond isio cadw'i le yn y tîm er mwyn cael mynd allan o'r tŷ i osgoi Jean, ei wraig. Yn amlwg mae o'n Gymreigaidd iawn ei ffordd ac efo mwy o ddiddordeb yn y Pethe na 'run o'r lleill – mae o'n perthyn i ryw ddosbarth gwahanol i weddill y tîm.'

Yn y diwedd penderfynodd seilio'r cymeriad ar gyn gôl-geidwad tîm Llanuwchllyn – y cynhyrchydd a'r cyfarwyddwr, Alun Ffred Jones.

'Mae Ffred, wrth gyfarwyddo, yn ymbalfalu weithia yn ei awydd i helpu rhywun. Yn y diwedd mi benderfynais ei ddynwared o. Pigo i fyny ar nodyn Ffred ac wedyn mynd â hwnnw gam ymhellach a'i wneud o dipyn yn fwy cwynfanllyd, fel tasa'r byd i gyd ar ei ysgwyddau fo.

'Y peth pwysica wedyn oedd ei chwara fo'n strêt. Mae ganddoch chi'r holl bobol wirion 'ma o gwmpas – mae'n rhaid i *rywun* fod yn gall! Mae'n rhaid i rywun ddod â ni at normalrwydd, gwneud i'r gynulleidfa feddwl: "wel ia, mae hyn yn digwydd go iawn achos mae'r boi yma yn eu canol nhw. Dydyn nhw i gyd ddim yn wallgo."

'Doedd Sandra a Tecs ddim y cael leins da, ddim yn cael bod yn wallgo. Ein gwaith ni oedd gosod y tir yn barod ar gyfer y lleill. Roedden ni yno ar gyfer y gynulleidfa, yn ysgwyd ein pennau pan fyddai Picton a Wali yn cael y sgyrsia hollol wallgo 'ma. Yn y comiti er enghraifft, Tecs sydd yno ar ran y gynulleidfa yn deud: "Dowch rŵan," yn trio dod â synnwyr cyffredin i mewn i'r peth. Y peth anodda oedd bod yn hollol *deadpan* drwy'r adeg. Mi oedd hi'n anodd iawn peidio chwerthin ar adegau.

'I mi, y comiti sy'n crisialu C'mon Midffîld. Mae pawb yn gwybod y bydd o'n gorffen efo Picton yn gwylltio ac yn deud: "Reit, dyna fo, dwi 'di cael digon, dwi'n mynd am beint." Felly mae rhywun yn meddwl, sut ydan ni am gyrraedd y fan honno'r wythnos yma? Pa ddylni sy'n mynd i ddod i'w ran o i wneud iddo fo ruthro allan a gadael y ddau arall? Hwnna, i mi, oedd majic C'mon Midffîld.'

Er iddo gyfuno dwy yrfa lwyddiannus fel canwr ac actor, uchelgais Bryn Fôn yn ifanc oedd bod yn bêl-droediwr proffesiynol. Addysg gorfforol oedd ei brif bwnc wrth hyfforddi i fod yn athro yn y Coleg Normal – cefndir defnyddiol pan ofynnwyd iddo gadw rhyw fath o drefn ar y chwarae yn ystod ffilmio C'mon Midffîld.

'Wrth roi criw o hogia ar y cae efo pêl, y cwbl oeddan nhw isio'i wneud oedd chwara ffwtbol. Doeddan nhw ddim yn cofio mai yno i ffilmio'r oeddan ni, ac mi fydda Ffred yn gwylltio achos nad oedd neb yn gwrando arno fo. I drio helpu'r sefyllfa mi ges i fy nyrchafu i fod yn rhyw fath o ymgynghorydd technegol! Roedd angen dyfeisio rhyw symudiadau, yn gorffen efo rhywun yn croesi'r bel at George ar y postyn pella. Mi oedd 'na rai pêl-droedwyr da iawn yn y tîm, a rhai eraill yno oherwydd eu dawn actio. Os oeddan ni isio hat-tric gan George mi oeddan ni'n gwybod ei bod hi am fod yn fore hir!'

Roedd gyrfa Bryn Fôn yn cynnwys chwarae i Lanllyfni, tîm ieuenctid gogledd Cymru, tîm llwyddiannus y Coleg Normal ac wedyn Llanrug a Llandegfan.

Ond hwyrach mai'r addysg fwyaf perthnasol ar gyfer Bryncoch United oedd ei gyfnod efo tîm enwog Dyffryn Nantlle yn 16 oed. I'r ail dîm y byddai'n chwarae fel arfer ond câi ddyrchafiad i'r tîm cyntaf mewn ambell gêm gwpan a chyd-chwarae ag enwogion fel Orig Williams, Tarw Nefyn a Robin Ken. Byddai ambell gefnwr yn rhoi tacl ffyrnig ar y llanc yn gynnar yn y gêm, cyn i ddynion caled y Vale fygwth lladd y troseddwr.

'Ar ôl hynny mi oeddan nhw ofn dod yn agos ata i ac mi gawn i redeg o'u cwmpas nhw fel leciwn i.'

Ar ôl gadael y coleg bu Bryn yn gweithio i Theatr y Werin yn Aberystwyth ac yn y cyfnod hwnnw y bu'n chwarae i dîm enwog Pontrhydfendigaid. Mae'n deall i'r dim pam y datblygodd y gred boblogaidd mai rheolwr y Bont, Lloyd Thomas, oedd y prototeip ar gyfer Arthur Picton, yn enwedig gan i Mei Jones hefyd fod yn chwarae yn ei dîm.

'Mi fedrwn i goelio hynny'n hawdd – mi oedd o'n un stimddrwg ofnadwy, yn union fel Picton, er ei fod o'n dipyn mwy o hwyl na Picton ar ôl i'r gêm orffen!' meddai.

Byddai 'Lloyd Lucas' – cafodd yr enw hwnnw am ei fod yn gweithio i'r cwmni partiau ceir – yn rhedeg y lein ambell dro, a byddai hyd yn oed yn ddyfarnwr os na fyddai neb arall ar gael. Cafodd ei enw yn y papurau Sul unwaith ar ôl cael ei wahardd am regi. *Lloyd the line banned for swearing* meddai'r pennawd. Dro arall, pan oedd y Bont ar ei hôl hi o dair gôl i ddim ac yntau'n ddyfarnwr, caniataodd chwe munud o amser ychwanegol er mwyn rhoi cyfle iddyn nhw sgorio. Chwythodd ei bib yr eiliad y tarodd y bêl y rhwyd y pen iawn i'r cae. Unwaith y byddai'r gêm drosodd, meddai Bryn Fôn, roedd pawb yn ei gwneud hi am dafarn y Red.

'Ac yno y bydden ni, nes byddai Lloyd yn penderfynu bod yn rhaid mynd yn ôl i Aberystwyth. Yn syth wedyn i ddrws cefn y lle Chinese yn oriau mân y bore a nhwtha newydd gau. *"Oh you terrible man!"* meddan nhw wrth Lloyd, ond mi oedd o'n ein cael ni i mewn bob tro.

'Roedd 'na lawer o bethau tebyg i C'mon Midffîld yn sefyllfa'r Bont. Mi oedd 'na gymysgedd cefndiroedd yno yn fy nghyfnod i, yn ffarmwrs, hogia'n gweithio mewn chwarel, yr hanesydd Geraint Jenkins a Wil Lloyd, y prifathro lleol. Dau begwn, 'run fath â Tecs a George.'

Llwyddodd Bryn Fôn i ddal ati efo'i yrfa ganu – fel Sobin a'r Smaeliaid ac wedyn Bryn Fôn a'r Band – trwy'r cyfnod pan oedd C'mon Midffîld yn ei anterth.

'Cyfnodau eitha byr, tri neu bedwar mis ar y tro, oedd y cyfnodau ffilmio ac mi oedd modd gwneud y ddau beth.'

Hyd heddiw, ble bynnag y bydd yn canu, mae pobol yn dal i gofio C'mon Midffîld

'Waeth lle fydda i, yn y de neu'r gogledd, mae pobol yn dal i sôn am Tecs. Mi fasa rhywun yn meddwl mai rhywbeth plwyfol i'r gogledd 'ma ydi o oherwydd y dafodiaith ond na, mae o i'w gael ym mhob man.

'Rydan ni'n gwneud gig blynyddol yn Llandysul ar ddydd Sadwrn cynta mis Medi ers mwy nag ugain mlynedd ac yn ystod y penwythnos mae rhywun yn siŵr o ddod draw a dweud rhyw lein allan o'r rhaglen. Mae'n anhygoel sut mae plant nad oeddan nhw wedi'u geni pan oedd y cyfresi'n cael eu darlledu yn dal i wylio'r DVDs. Mae pobol mewn gigs yn dal i ofyn am lofnod Tecs yn hytrach nag un Bryn Fôn. A'r lein ydw i'n ei chael fwyaf hyd heddiw ydi: "Sut ma' Jean?"'

Bethan Gwilym

Jean Parri

C'mon Midffîld oedd profiad cyntaf
Bethan Gwilym o waith teledu. Roedd
y ferch o Ben Llŷn wedi symud i fyw i'r
Wyddgrug ac yn aelod o gwmni amatur
Theatr Clwyd. Bu'n perfformio yn nrama
Saunders Lewis, *Eisteddfod Bodran*,
gydag Alun Ffred yn actio rhan ei gŵr.

Ar ôl symud i fyw yn Sir Fôn roedd yn
teimlo awydd i ddal ati a llwyddodd i
gael cerdyn Equity. Cysylltodd ag Alun
Ffred – 'yn nerfus ofnadwy er 'mod i'n
ei nabod o ac wedi gweithio efo fo' – i
ofyn oedd ganddo waith iddi. Addawodd
yntau ei ffonio'n ôl, a'r canlyniad oedd
cael cynnig rhan Jean, gwraig sarrug
Tecwyn Parri yn C'mon Midffîld.

'Ro'n i'n ei chael hi'n anodd iawn ar
y dechrau portreadu dynes mor flin
achos dydw i ddim felly o gwbwl –
er mae'n bosib y byddai'r gŵr yn
anghytuno yn hynny o beth!'
meddai Bethan.

Doedd dim angen neb i actio Jean yn
y cyfresi radio gan nad oedd hi'n siarad,
ac roedd rhai penodau wedi mynd heibio
cyn i Bethan yngan gair yn y cyfresi teledu.

'Roedd golwg Jean yn ddigon, er enghraifft pan oedd hi'n rhoi esgidiau pêl-droed Tecwyn yn y bin. Doedd dim angen geiriau o gwbwl! Ond Jean oedd yn iawn wrth gwrs – mi oedd o'n llawer rhy hen i fod yn dal i chwarae pêl-droed! Mae'n rhyfedd fel y byddai plant a rhai pobol yn gwirioni ar C'mon Midffîld ac yn rhedeg at y cymeriadau pan fydden nhw'n eu gweld nhw. Anaml iawn y byddai hynny'n digwydd i mi – roeddan nhw ormod o fy ofn.'

Unwaith yn unig y cafodd drafferth i gadw wyneb syth yn ystod y ffilmio. Roedd hynny yn y rhaglen Nadolig lle mae Wali Tomos yn canu carolau yn nrws ei thŷ.

'Dim ond y pennill cynta oedd o'n wybod, felly roedd o'n di-di-di-dio'r tri phennill arall, a Jean yn gwrando. Pan oedd y camera ar Wali mae gen i ofn na fedrwn i ddal heb chwerthin a dwi'n ymddiheuro i Mei am hynny!'

Profiad a fwynhaodd yn fawr oedd mynd ar daith theatr efo Awê Bryncoch! Cynhyrchiad Cwmni Theatr Gwynedd oedd hwnnw a chafwyd theatrau llawn ym mhob lleoliad ond un. Yr eithriad oedd Theatr Clwyd, lle'r oedd Bethan wedi dechrau cael blas ar actio.

'Dim ond rhyw chwarter llawn oedd y theatr. Plant ysgol oeddan nhw a doedd ganddyn nhw ddim math o fynedd bod yno. Mi oeddan nhw'n benderfynol nad oeddan nhw am chwerthin am ben yr un jôc – mi aethon ni trwy'r perfformiad hwnnw fel cyllell trwy fenyn. Ond mi gawson ni dderbyniad gwych ym mhob man arall.'

Yn Eisteddfod Genedlaethol Môn yn 1999, torrwyd tir newydd trwy berfformio sioe dafarn, C'oman Midffîld.

'Mi oedd o'n goman hefyd, coman iawn! Faswn i'n meddwl mai felly y byddai'r cymeriadau wedi siarad mewn bywyd go iawn,' meddai.

Wrth i'r gyfres fynd yn ei blaen cafodd Jean gyfle i siarad mwy a mwy.

'Roedd o'n gelfydd iawn, y ffordd y sgriptiodd Mei yr olygfa lle mae hi'n dechrau siarad,' meddai. 'Roedd George, Tecwyn a rhywun arall yn y Bull a Jean yn cerdded i mewn. Mae hi'n deud wrth Tecwyn: "Os nag wyt ti'n dod adre'r funud 'ma dwi'n dy adael di," ac yn troi a mynd. Mae rhywun yn deud: "Dwi rioed wedi gweld hynna o'r blaen." "Be?" meddai rhywun arall, "Jean yn y Bull?" "Nage, Jean yn siarad."

'Mi ddaeth hi i siarad dipyn ar ôl hynny ac mi wnes i fwynhau pob eiliad o'r profiad.'

Llion Williams

George Huws

Bu bron i Llion Williams golli ei le yn y tîm cyn i Bryncoch United erioed gael ei weld ar deledu. Er iddo chwarae rhan George Huws yn y tair cyfres radio, 'rhyw labwst mawr cyhyrog' oedd gan y cynhyrchwyr mewn golwg pan oedden nhw'n ailgastio ar gyfer y bocs. Gwell fyth petai'r llabwst hefyd yn bêl-droediwr o fri.

'Ella 'u bod nhw'n gweld nad oedd fy sgiliau i yn y maes hwnnw yn anhygoel,' meddai Llion. 'Ond mi o'n i wedi cael lot o hwyl yn gweithio ar y rhaglenni radio ac yn rhyfeddu bod 'na gymaint o bobol yn eu dilyn nhw. Mi oedd 'na fwy o ffeit yndda i'r adeg honno ac mi wnes i fynnu cael fy ystyried ar gyfer y teledu. Yn y diwedd mi roeson nhw ryw fath o ffydd yndda i ac mi ges i'r rhan, diolch byth!'

Un o'i gymwysterau oedd ei fagwraeth ym Mangor, a George hefyd yn 'Bangor lad'. Er mai mab gweinidog yn ardal gymharol foethus Eithinog oedd Llion, roedd ganddo ffrindiau mewn ardaloedd mwy gwerinol ac ar un o'r rheini y seiliwyd George.

'Mi oedd ysgol gynradd St Paul's reit yng nghanol Bangor ac yn tynnu disgyblion o bob rhan o'r ddinas. Mi fydda dau lond bws yn dŵad o Faesgeirchen ac un mêt mawr i mi oedd Gerald Lane. Creadur go frith oedd Gerald, yn gwneud ei wallt fel rhyw Rod Sewart ifanc ac yn siarad Cymraeg a Saesneg bob yn ail. Mi welais i o chydig flynyddoedd yn ôl. *"Seen you on the telly, aye,"* medda fo. "A deud y gwir wrthat ti Ger," medda fi, "chdi ydi George Huws." Roedd o'n reit falch o hynny dwi'n meddwl.

'Boi *rough and ready* oedd Gerald, ond mi oedd 'na ochor annwyl iddo fo hefyd, a rhyw ochor athronyddol. Mi fydda'r petha rhyfedda yn dod allan weithia. Mae hynny i'w weld yn George hefyd, a dwi ddim yn siŵr sut digwyddodd y peth. Mae'n bosib bod Mei yn gweld y ffordd oeddwn i'n mynd â'r cymeriad ac wedyn yn sgwennu'r areithia gwych 'ma iddo fo. Mae 'na un lle mae o'n trio cysuro Wali pan oedd hwnnw'n meddwl bod ei fam o wedi marw, ac un arall yn sôn am ffydd pan oedd Wali'n disgwyl

Mark Hughes i Fryncoch. Dwi'n meddwl bod Mei yn gweld cryfderau a gwendidau actor ac yn sgwennu ar gyfer y cryfderau. Mi oedd o'n sgwennu ar gyfer pwy bynnag oedd yn gwneud y cymeriadau.'

Dechreuodd Llion ymddiddori yn y ddrama yn Ysgol Friars ym Mangor a chymryd rhan mewn cynyrchiadau uchelgeisiol fel *Macbeth* yn Gymraeg a gweithiau Molière yn Saesneg. Drama oedd ei bwnc yn y Brifysgol yn Aberystwyth, ac ar ddiwedd ei dair blynedd yno bu'n swyddog cyhoeddusrwydd cynorthwyol i Theatr Cymru ac yna'n un o aelodau cyntaf Cwmni'r Frân Wen yn perfformio i ysgolion. Cyfres o'r enw *Cyfyng Gyngor* gyda HTV oedd ei brofiad teledu cyntaf, ond fel George yn C'mon Midffîld y daeth yn fwyaf adnabyddus i'r Cymry Cymraeg.

Er ei fod yn chwerthin erbyn hyn wrth sôn am ei fedydd tân fel pêl-droediwr ar y teledu, doedd y profiad hwnnw ddim yn fêl i gyd.

'Doeddwn i ddim yn hollol ddibrofiad yn y maes. Mi fues i'n chwarae i dîm Pantycelyn yn Aberystwyth ac wedyn i dîm y Glôb ym Mangor, ond yn y gôl oedd hynny. Ond rŵan mi oeddan nhw wedi fy nghastio fi fel streicar yn y pen arall i'r cae. Fues i erioed yn un oedd yn diodde llawer o *stage fright*. Doedd gen i byth lawer o nerfa wrth fynd ar lwyfan. Ond mi o'n i'n disgyn yn ddarnau pan oedd hi'n dod yn amser i wneud têc ar y cae pêl-droed. Diffyg hyder oedd hynny mae'n siŵr, o wybod am fy niffyg gallu. Roedd petha'n mynd yn o lew yn yr ymarferion, ac mi fyddwn i'n gweiddi ar Roger, y dyn camera, i ofyn pam nad oedd o wedi ffilmio hwnnw. Yr hyn oedd yn waeth oedd bod rhai o'r bois 'ma o 'nghwmpas

i yn y tîm yn chwarae i ryw dimau o gwmpas Caernarfon ac yn ystyried eu hunain yn dipyn o bêl-droedwyr, a hynny'n cynyddu'r pwysau. Mi wnes i sgorio clincar o gôl unwaith, ond gan fod Roger ar shot lydan iawn ar y pryd welodd neb mohoni ond fi. Mi oedd Alun Ffred yn dda iawn, doedd o'n rhoi dim pwysau arna i, ac efo help ambell dric camera mi ddaethon ni i ben.'

Roedd yna lawer o hwyl wrth ffilmio, ac ambell drip i Iwerddon ar ddiwedd cyfres yn 'wallgo bost'. Ond fel ar y rhan fwyaf o gyfresi roedd tensiynau'n codi hefyd. A doedd hynny, ym marn Llion, ddim yn beth drwg i gyd.

'Dwi'n ffrindia mawr efo John [Pierce Jones] erbyn hyn ond mi oedd 'na dipyn o densiwn rhyngddon ni yn ystod y ffilmio. Dwi'n meddwl bod hynny wedi bwydo i mewn i'r tensiynau rhwng George a Picton. Roedd 'na elfen bersonol yn y tensiwn oedd i'w weld ar y sgrin, a dwi'n meddwl bod hynny wedi ychwanegu at lwyddiant y gyfres.'

Roedd yr ymateb i'r cyfresi teledu yn rhywbeth nad oedd yr actorion wedi paratoi ar ei gyfer, ac yn medru bod yn straen yn ôl Llion. Doedd dim modd symud ymhlith Cymry Cymraeg heb gael ei uniaethu â George.

'Fi oedd yr aelod fenga yn y cast ac mi oedd 'na beryg diawledig i'r peth fynd i dy ben di. Pysgodyn mawr mewn llyn bach oedd rhywun wrth gwrs, ac mi fasan ni'n medru diflannu i Lundain am benwythnos a'i osgoi o i gyd. Ond mi oedd o'n gwneud i rywun feddwl sut oedd hi ar bobol oedd yn adnabyddus trwy'r byd i gyd.

'Mi oedd 'na elfennau braf iawn wrth gwrs i laslanc oedd yn cael yr holl sylw, ond mi oedd 'na ddwy ochor i'r peth. Mi oeddwn i mewn perthynas yr adeg honno – ella baswn i'n dal mewn perthynas taswn i ddim wedi bod ynghanol yr holl gybôl.'

Mae'r gwahoddiadau i wneud ymddangosiad fel George yn dal i gyrraedd o bryd i'w gilydd. Mae hynny'n broblem erbyn hyn gan i'r gôt ledr a gweddill y regalia losgi'n ulw mewn tân yn ei dŷ ym Mhontrug ger Caernarfon. Ychydig ynghynt roedd y crys â'r rhif 9 ar ei gefn wedi ei werthu am fwy na chan punt mewn ocsiwn i godi arian at elusen canser.

Ugain mlynedd ar ôl i'r gyfres olaf ddiflannu oddi ar y sgrin, mae pobol yn dal i ddod ato yn y dafarn, yn disgwyl iddo siarad fel George ac yn holi 'Sut mae Sandra?' – fel petai neb wedi gofyn y cwestiwn o'r blaen.

'Mae hynny'n medru mwydro pen rhywun weithia, ond mae 'na lawer mwy o *pros* nag o *cons*. Mae rhywun yn ddiolchgar iawn am gael bod yn rhan o rywbeth fydd yn anfarwol, gobeithio.'

George Huws ac Ian Rush

Pan oedd C'mon Midffîld yn ei anterth fe achosodd ymddangosiad George Huws mewn noson elusennol benbleth i un o gewri'r byd pêl-droed. Roedd digwyddiad yn cael ei gynnal yng Nglantraeth ar Ynys Môn i godi arian i bêl-droediwr ifanc addawol oedd wedi cael ei anafu'n ddifrifol mewn damwain ffordd. Ymysg y gwesteion enwog roedd tri o sêr Cymru, Neville Southall, Ian Rush a Mark Hughes. Bythefnos ynghynt roedd Mark Hughes wedi cael ei ffilmio ar gyfer un o benodau enwocaf C'mon Midffîld. Roedd Llion hefyd wedi cael ei wahodd i Lantraeth yn ei ddillad George Huws.

'Mae Glantraeth yn lle anodd cael hyd iddo ac mi o'n i'n hwyr yn cyrraedd,' meddai Llion. 'Pan es i mewn roedd 'na bobol ifanc yn heidio o gwmpas y *top table* i gael llofnodion y sêr yma. Ond pan welson nhw George yn dod i mewn dyma nhw'n gadael y rheini a rhedeg ata i. Ac mi glywodd rhywun Ian Rush yn troi at Mark Hughes a gofyn: *"Who the hell's he?"* Roedd Hughes yn fy nghofio ers y cyfarfyddiad bythefnos ynghynt. *"That's George,"* medda fo. *"He plays for Bryncoch United." "Who the hell are they?"* medda Rush!'

Mei Jones

Wali Tomos

Mae'n tynnu at hanner nos ar nos Iau ym mis Gorffennaf 2013. Yn ffenest oriel gelf Ionnau ym Mhwllheli mae darlun mawr o Wali Tomos, wedi'i beintio gan yr arlunydd Malcolm Gwyon. Mae criw o ddynion ar eu ffordd o'r dafarn gyferbyn wedi sylwi ar y llun wrth fynd heibio, ac yn cynnal trafodaeth frwd, yn Saesneg, am ei debygrwydd i Wali.

'Look,' meddai un, *'he's even got the teeth spot on!'*

Go brin y byddai neb ond Wali, o blith cymeriadau C'mon Midffîld, wedi symbylu'r fath drafodaeth bron ugain mlynedd ar ôl diwedd y gyfres olaf. Wali, yn ei ddiniweidrwydd hoffus, oedd y cymeriad mwyaf eiconig a chofiadwy i lawer o'r gwylwyr.

'Roedd Wali'n gymeriad cymhleth,' meddai Elwyn Jones, cynhyrchydd y cyfresi radio. 'Ac eto ganddo fo yr oedd y rhan fwya o'r synnwyr cyffredin trwy'r cyfan.'

Gallai Wali hefyd, fel y clywsom, achosi problemau. Ei ffordd o siarad, gan ynganu pob 'r' yn 'f', oedd yn gwneud i rai comisiynwyr betruso cyn rhoi sêl eu bendith ar y gyfres.

'Do'n i ddim yn ei weld o fel rhywun â nam lleferydd o gwbwl,' meddai Mei Jones. 'Diogi oedd o, rhyw hen gast. Mi oedd hi'n ormod o drafferth ganddo fo ddefnyddio'i wefusau a'i dafod i siarad yn iawn.'

Doedd problem llefaru ddim yn faes hollol ddieithr i Mei ei hun. Yn blentyn bach yn byw ar fferm yn Llanddona, Sir Fôn, roedd ganddo atal dweud go ddrwg.

'O'n i'n cychwyn pob brawddeg efo "da chi'n gwbod be?" ac erbyn imi gael hwnnw allan mi o'n i wedi anghofio be o'n i isio'i ddeud.'

Pan oedd tua saith oed awgrymodd rhywun i'w fam y dylai roi ei mab ar lwyfan ac y gallai'r profiad hwnnw ei wella. Dyna ddechrau ei yrfa fel adroddwr a chanwr.

'O steddfod i steddfod oedd hi wedyn, efo Mam. Dwi'm yn gwybod faswn i wedi dod dros yr atal p'run bynnag, ond mi wnaeth hyn ryw fath o weithio. O'n i'n swil ofnadwy cynt, yn cuddio tu ôl i Nhad, ond mi ddaeth hyn â fi allan.'

Roedd yn gyfnod prysur wedyn rhwng y gwersi piano, gwersi adrodd a gwersi canu, ond roedd digon o amser ar ôl i chwarae pêl-droed. Mae'n credu iddo chwarae ym mhob safle ar y cae heblaw ar yr asgell, gan ddod yn gapten ar dîm ei ysgol uwchradd ym Mhorthaethwy ac ar dîm ysgolion Sir Fôn. Yn 1971, ar ôl treial yn Llanidloes, cafodd ei ddewis i sgwad Cymru dan ddeunaw oed ar gyfer gêm yn erbyn yr Alban yn Nhonypandy. Chafodd o ddim mynd ar y cae y tro hwnnw, ond yn y gêm ganlynol bu'n chwarae cefnwr de yn erbyn Lloegr yn Hull.

Ei fwriad ar ôl gadael yr ysgol oedd mynd i goleg drama. Cafodd ei gyfeirio gan un o'i athrawon at y College of Speech and Drama yng Nghaerlŷr. Roedd wedi cyrraedd yno am gyfweliad cyn sylweddoli mai therapi lleferydd yn hytrach na sgiliau llwyfan oedd prif arbenigedd y lle. Roedd hwnnw'n faes nad oedd ganddo ronyn o ddiddoreb ynddo, ond yn un lle'r oedd dynion yn eithriadol o brin. Felly cafodd gynnig lle, yn un bachgen ynghanol 70 o ferched. Dim ond wyth myfyriwr gwrywaidd oedd yn gwneud y cwrs trwy Brydain.

'Ond wnes i ddim para. Doedd addysg ddim yn apelio ata i rywsut, ond mi oedd bywyd coleg.'

Aeth adre i labro am chwe mis, gan feddwl sut y gallai ddychwelyd at fywyd myfyriwr. Ar ôl magwraeth yn y capel ac astudio Ysgrythur at Lefel A, penderfynodd fod ganddo gymaint o arbenigedd yn y maes hwnnw ag unrhyw un arall. Cafodd ei dderbyn i'r Coleg Diwinyddol yn Aberystwyth, heb fwy o fwriad i fynd i'r weinidogaeth nag oedd ganddo i fynd yn therapydd lleferydd yn ystod ei gwrs blaenorol. Ei gyfraniad mwyaf i'r Coleg Diwinyddol oedd chwarae i'w dîm pêl-droed.

'Mae llawer o'r rhai oedd yn y tîm efo fi yn weinidogion erbyn hyn. Fydden ni byth yn chwarae ar y Sul.'

Roedd ei gyfnod yn Aberystwyth yn un buddiol iddo mewn llawer ffordd. Bu'n canu efo'r grŵp Mynediad am Ddim, a dechreuodd wneud ei farc ym myd y ddrama. Roedd y Coleg Diwinyddol yn gysylltiedig â'r Brifysgol a daeth yntau'n gadeirydd Cymdeithas Ddrama Myfyrwyr Aberystwyth. Gwnaeth argraff ar Wilbert Lloyd Roberts, oedd wedi ei weld yn actio rhan Gruffydd yn y ddrama *Llywelyn Fawr*, ac ar ôl gorffen yn y coleg aeth ato i ofyn am waith efo Cwmni Theatr Cymru. Roedd Wilbert ar y pryd yn sefydlu cwrs blwyddyn ôl-radd yng Ngholeg Cerdd a Drama Cymru yng Nghaerdydd, a chafodd Mei ei anfon ar y cwrs yng nghwmni rhai fel Siôn Eirian a Wyn Bowen Harries.

Bu'r prentisiaid yn creu nifer o sioeau oedd yn uchelgeisiol ar y pryd.

'*Guinea pigs* i Wilbert oeddan ni mewn gwirionedd,' meddai. 'Ond ar ddiwedd y cwrs mi gafodd bron bob un ohonon ni waith efo'r Cwmni Theatr.'

Yno cafodd gyfnod prysur yn actio a sgwennu, ac yn 1977 ymunodd â chwmni ifanc Bara Caws, a mynd ar deithiau gyda sioeau arloesol fel *Bargen* a *Hwyliau'n Codi* Mae llawer yn dal i'w gysylltu gyda'r gân 'Nos Da' am mai fo oedd y cyntaf iddyn nhw ei glywed yn ei chanu, er mai ei gydweithwyr Catrin Edwards a Dyfan Roberts oedd awduron y dôn a'r geiriau. Rhwng popeth roedd ganddo gryn dipyn o brofiad fel sgwennwr a pherfformiwr erbyn i Alun Ffred ac yntau ddod at ei gilydd i ffurfio C'mon Midffîld.

Pan oedd Wali'n cael ei drosglwyddo o radio i deledu, roedd gan y ddau awdur ddelweddau gwahanol ohono yn eu meddyliau. Un tal oedd o yng ngolwg Mei, un byr yn ôl Alun Ffred, oedd yn meddwl am lumanwr brwd yr oedd wedi ei adnabod yn Llanuwchllyn, 'Dave Chapel Terrace'.

'Un byr oedd hwnnw, meddai Alun Ffred. 'Ond wrth gwrs nid Dave ydi Wali ac nid Wali ydi Dave. Teipiau oedden nhw, fel y dylid eu cael yn unrhyw gomedi.'

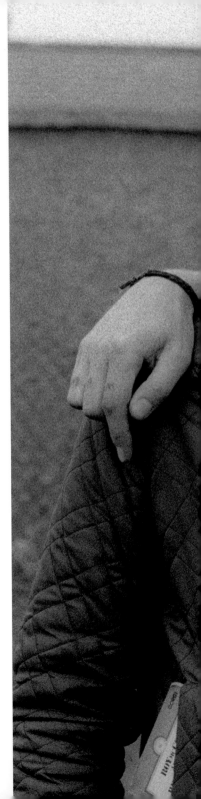

Gan fod Wali'n ymddangos mor aml ochr yn ochr â Mr Picton, roedd yn anochel ei fod yn edrych yn fach. Ac yn ôl Mei Jones, roedd o'i hun yn byrhau modfedd wrth actio Wali, oherwydd y ffordd yr oedd yn dal ei gorff.

Wrth ddilladu Wali a chreu ei ddelwedd, roedd yn awyddus i guddio cymaint ag y gallai o Mei ei hun. Cafodd afael ar yr anorac – un anarferol am nad oedd ganddi unrhyw bwyth yn yr ysgwyddau – yn wardrob cwmni Bara Caws yng Nghaernarfon. Roedd honno fel petai'n newid siâp ei gorff. Dyn yr oedd yn ei gofio o'i ddyddiau gyda chlwb pêl-droed ieuenctid Porthaethwy oedd wedi rhoi'r syniad iddo am wisgo beret bob amser. Roedd y mwstash yn ychwanegu at y gwahaniaeth rhwng Mei Jones a Wali Tomos, ac yn gydnaws ag awydd Wali i ddynwared Mr Picton ym mhopeth. Roedd y sbectol gwaelod-potel-lefrith yn gwneud i'w lygaid edrych yn fwy, ond yn golygu nad oedd yn gweld fawr ddim wrth ei gwisgo yn y cyfresi cyntaf. Bu'n rhaid archebu sbectol arbennig iddo wedyn, efo gwydrau trwchus ond clir, ar gyfer gwneud pethau peryglus fel reidio beic.

Roedd y locsyn clust yn fwy o her. Gan fod Mei yn gwneud rhai pethau eraill tua'r un adeg â'r cyfresi cynnar, doedd o ddim yn awyddus i dyfu'r rhain yn barhaol. Felly mi wnaed rhai arbennig allan o'i wallt, a'u gludo yn ei wallt ar gyfer y ffilmio. Roedd hynny'n broses ddigon cymhleth ac anghyffordddus, felly erbyn yr ail neu'r drydedd gyfres mi roddwyd y locsyn clust yn sownd wrth y beret. Unwaith roedd o'n taro'r beret ar ei ben, roedd y rheini'n dod i lawr yn syth, a Mei wedi'i drawsnewid i Wali mewn eiliadau.

Erbyn heddiw mae'n perfformio'n gyhoeddus yn amlach fel Wali nag fel fo'i hun, a does gan lawer o ddilynwyr ifanc C'mon Midffîld ddim syniad sut un ydi'r Mei Jones go iawn.

'Iddyn nhw, dwi wedi diflannu,' meddai. 'Weithia ar ôl imi newid ar ddiwedd perfformiad, mae merched ifanc yn pwnio'i gilydd ac yn deud, "Hwnna ydi o? Wel 'di o'm yn edrach mor ddrwg â hynny!" Mi fydda'n anodd imi beidio bod yn welliant ar Wali.'

" Pan oedd C'mon Midffîld yn cael
ei ffilmio yng Ngwm-y-glo (o flaen y
becws gyda Mr Picton a Wali Tomos)
aeth fy nhad (Ted Roberts) i lawr
i'r pentre i weld be oedd yn mynd
ymlaen. Roedd fy mam (Marjorie
Roberts) wedi cael llawdriniaeth
ar ei chlun ychydig ynghynt ac yn
methu mynd lawr i'r pentre hefo fo.

Dechreuodd fy nhad siarad hefo
Wali Tomos, ac egluro y bysa ei wraig
wedi bod wrth ei bodd yn cael bod
yno, ond yn anffodus ei bod yn
methu codi allan. Gofynnodd Wali
lle roedd o'n byw, ac eglurodd Dad
mai dim ond i fyny'r lôn oedd y tŷ.
Y peth nesa, roedd y ddau yn y car
yn mynd i weld Mam!

Wrth gyrraedd y tŷ, eglurodd Dad
wrth Mam fod ganddi bobol ddiarth
– sef Wali Tomos! Syrpreis go iawn!
Roedd hi wedi gwirioni. Chwarae
teg i Mei Jones; bu'n ffeind iawn
yn cymryd amser i fynd i weld
Mam – ac aros yn ei gymeriad
drwy gydol yr ymweliad hefyd!
Diwrnod arbennig iawn i Mam
a Dad. "

Myfanwy Roberts

Catrin Dafydd

Lydia Tomos

Go brin y gwelodd Capel y Graig, Abersoch, nac unrhyw gapel arall, deyrnged debyg i'r un a draddododd Wali Tomos i'w fam yn Nhachwedd 2011. Yn ystod ei gwaeledd olaf roedd Kathleen Jones, neu Catrin Dafydd, neu Lydia Tomos, wedi gofyn i'w chyd actor gymryd rhan yn y gwasanaeth angladd, 'er mwyn ysgafnu pethau'. Roedd hanner cyntaf y deyrnged yn ddigon confensiynol, gyda Mei Jones yn coffáu un a oedd wedi dod yn ffrind agos iddo yn ystod ffilmio C'mon Midffîld. Wedyn, gan ddilyn ei chyfarwyddyd hi, fe ddiflannodd o olwg y gynulleidfa ac ailymddangos yn ei feret a'i fwstash fel Wali Tomos yn cyfarch ei fam: perfformiad dwys-ddoniol a adawodd y gynulleidfa mewn cyfyng gyngor, gyda phawb yn awyddus i guro dwylo a neb am ei mentro hi oherwydd yr achlysur.

Doedd neb o'r actorion yn fwy diolchgar am gael bod yn rhan o C'mon Midffîld na Kathleen. Doedd neb chwaith yn cyfrannu mwy at ddoniolwch y cyfresi na Lydia efo'i golwg sarrug, ei llais dwfn a'i harfer o gyfeirio at bawb, gan ei chynnwys hi ei hun, yn y trydydd person.

Dyfais Mei Jones oedd y siarad hwnnw, wedi ei seilio ar sgwrs rhai o bobol Sir Fôn, a rhai o'i ffrindiau coleg o ardal Llanelli gyda'u cyfarchiad 'Shwd ma' fe?' Ond roedd tipyn o stamp Kathleen ei hun hefyd ar y cymeriad.

'Roedd hithau'n un oedd yn siarad yn blaen, yr un fath â Mam,' meddai ei chwaer, Anna Jones. 'Doedd 'na ddim nythod yn Mam chwaith.'

Fwy nag unwaith yn ystod y ffilmio bu'n rhaid stopio'r camera am fod rhywun wedi methu dal heb chwerthin wrth i Lydia Tomos fynd drwy'i phethau. Alun I fred a Mei Jones oedd y troseddwyr yn yr olygfa lle mae Lydia'n gwisgo joc-strap ar ei phen. Aeth pethau'n ddrwg hefyd pan oedd Lydia wedi ei gwisgo fel angel yn eistedd ar ben bar y gôl.

'Mi fydda hi'n sôn o hyd am yr olygfa honno lle'r oedd hi ar ben y gôl fel angel, ac yn disgyn i lawr ar ryw fatres. Dwi'n cofio iddi ddeud ei bod hi ofn,' meddai Anna. Mewn golygfa arall lle mae hi'n chwarae Monopoli, mae'r gwylwyr mwyaf craff wedi sylwi ar actorion eraill yn chwerthin lle nad oedd chwerthin i fod.

Undeb Equity oedd wedi mynnu bod Kathleen yn newid ei henw. Pan wnaeth gais i ymaelodi er mwyn cael rhan mewn rhaglenni teledu, dywedwyd wrthi fod yr enw Kathleen Jones eisoes wedi cael ei fachu gan aelod arall. Doedd 'Catrin Jones' ddim yn dderbyniol

am yr un rheswm. Felly bu raid iddi Gymreigio'i henw cyntaf ac ychwanegu'r Dafydd, enw ei thad. Ond Kathleen oedd hi o hyd i'w theulu a'i ffrindiau.

Cafodd ei magu ar fferm yn Abersoch, ac yn y pentref hwnnw y bu'n byw gydol ei hoes. Er bod ton o Seisnigrwydd yn boddi'r ardal bob haf, roedd yno hefyd fywyd diwylliannol Cymraeg bywiog, a Kathleen a'i theulu yn ei ganol. Roedd hi a'i thad yn aelodau o ddau gwmni, un yn y capel a'r llall yn y neuadd. Yn Ysgol Frondeg, Pwllheli bu'n perfformio mewn dramâu a sioeau gyda Gwilym Griffith, neu Gwilym Plas, a ddaeth yn sylfaenydd a chynhyrchydd cwmni drama enwog Llwyndyrys. Flynyddoedd wedyn aeth Kathleen ar daith i Batagonia gyda'r cwmni hwnnw i actio yn y ddrama *Dalar Deg* gan Wil Sam.

Gadawodd yr ysgol yn 15 oed a dechrau gweithio yn siop W. H. Smith yn Abersoch. Pan agorodd y rheolwr ei siop ei hun yn y pentref cafodd gynnig symud i weithio yno ond doedd ei rhieni ddim yn fodlon, am fod y siop yn agor ar y Sul! Yn ddiweddarach agorodd hithau 'Siop Kathleen' yng nghanol y pentref yn gwerthu pob math o geriach glan môr – 'pethau *Made in China*' fel y byddai'n dweud. Hi, mae'n debyg, oedd y gyntaf i werthu offer syrffio yn Abersoch wrth i'r chwiw honno ddechrau dod yn boblogaidd. Ond ddaeth hynny ddim â rhyw gyfoeth mawr iddi yn ôl Anna:

Lydia: Arthur Picton!
Mae <u>hi</u> isio gair.

Arthur: Dim rŵan Mrs Tomos!

Lydia: Y munud 'ma!

Arthur: Be dach chi isio, Mrs Tomos?

Lydia: Flynyddoedd yn ôl, mae hi'n
cofio hogan o'r pentra ma,
odd isio priodi ei chariad.
A'i thad hithau'n gandryll
yn ei erbyn.

Arthur: [yn trorri ar ei thraws]

Call iawn.

[yn cychwyn cerdded
i ffwrdd]

Lydia: Tawed o! Er mai sgamp oedd
yr hogyn, a sgamp ydi o hyd
heddiw, roedd y ferch yn ei
garu, a chariad a orfu yn y
pen draw. Fe redodd y ddau i
ffwrdd a phriodi. A digiodd
y tad yn ddirfawr. Ond ei
golled o oedd o yn y diwedd.
O achos fe esgorodd y ferch
ar blentyn. Ac oherwydd
ei styfnigrwydd, chafodd
o rioed y pleser o gwmni'r
wyres fach. Un o'r anwylaf
o blant dynion. Ac aeth
i'w fedd heb ei hadnabod.

[Saib]

Dacw hi'r wyres fach.
Peidied o â gwneud yr un
camgymeriad â'i thaid hi.

'Dwi'n amau bod yr elw i gyd yn mynd yn rhyw le bach oedd ganddi yn y cefn, lle bydda pobol yn heidio am banad a smôc.'

Ganol y chwe degau daeth yn aelod o gwmni drama Theatr y Gegin yng Nghricieth a chydweithio efo pobol fel Wil Sam a Stewart Jones. Yn sgil hynny y dechreuodd gael gwaith radio a theledu gan arwain at y strach o gael cerdyn Equity a newid ei henw.

C'mon Midffîld oedd uchafbwynt ei gyrfa, a bu'n aelod o'r cast o'r dechrau i'r diwedd. Newidiodd hynny gryn dipyn ar ei bywyd wrth iddi ddod yn adnabyddus am y tro cyntaf y tu allan i'w chynefin. Roedd yn gwerthfawrogi cyfeillgarwch ei chydweithwyr, ac eto'n ymwybodol bod ei chefndir yn wahanol iddyn nhw.

'Mi fydda hi'n dweud mor dda oeddan nhw i gyd wrthi, ac yn bychanu ei hun mewn ffordd trwy ddweud hynny,' meddai Anna. 'Yr hyn oedd yn ddoniol i mi os oeddan ni'n mynd i grwydro oedd gweld pobol yn dod ati a deud yr un hen beth: "Sut ma hi?" Finna'n gofyn wedyn pwy oeddan nhw – a doedd ganddi ddim syniad. Ond roedd hi'n dda iawn efo pobol, fydda hi byth yn eu difrïo nhw.'

Person swil iawn oedd Kathleen wrth ei natur. Doedd hi ddim yn un i gymdeithasu llawer efo'r criw y tu allan i'r gwaith. Mae Anna'n ei chofio hi a ffrind o Abersoch yn cael gwahoddiad i un parti, ond pan gyrhaeddon nhw yno a gweld cymaint o bobol enwog fe drodd y ddwy am adre mewn braw. Ond mewn parti arall gan griw C'mon Midffîld yn Stiwdio Barcud yng Nghaernarfon fe synnodd Kathleen ei chydweithwyr trwy fynd ar y llwyfan i ganu carioci. Roedd yn gwisgo crys blodeuog llachar wedi'i fenthyca gan Anna – crys y byddai un o'u cymdogion yn Abersoch yn ei alw'n *Bodnant Gardens* – ac mae ei datganiad o gân y Troggs, 'Wild Thing' yn dal i gael ei gofio gan bawb oedd yno. Unwaith yr oedd hi ar lwyfan roedd y swildod yn diflannu, cyn belled â'i bod wedi paratoi ac ymarfer yn drylwyr. Byddai'n gwneud hynny hyd yn oed cyn mynd i gyhoeddi fel blaenor yn y capel ar y Sul.

'Mi fyddai'n ymddiheuro'n llaes os byddai'n anghofio'i llinellau, er bod pawb yn gwneud hynny,' meddai Mei Jones. '"Dwi yn ei wybod o 'sti," medda hi. "Ddim yn ei gofio fo ydw i." Mi oedd hi'n reit nerfus pan ddechreuodd hi ar y radio, a'r un fath pan aethon ni ar y teledu. Ond nefoedd, mi ddatblygodd Lydia Tomos – *with gusto!*'

Pan gafodd Kathleen wybod bod canser arni mi benderfynodd nad oedd pwynt cael triniaeth, gan fod pethau wedi mynd yn rhy bell. Yn fuan wedyn gofynnodd i Anna ffonio Mei Jones a gofyn iddo ddod i'w gweld. Cyndyn i wneud hynny oedd Anna, gan sylweddoli mai'r angladd oedd ganddi dan sylw.

'Roedd y tri ohonon ni yn y llofft yn siarad am wahanol bethau,' meddai Anna. '"Rŵan ta," medda hi wrth Mei, "fel hyn dwi isio iti wneud..." a ninnau'n trio troi'r stori. Yn y diwedd dyma hi'n deud: "Dio ddim ots gen i be wnei di ond dwi isio iti ganu 'Nos Da'." A dyna dwi wedi'i roi ar ei charreg fedd hi – Nos da, cysga dy ora. Doedd hi ddim isio rhyw hen lol. Rwbath joli oedd hi isio.'

Dewis Tîm

Un newid mawr, wrth drosglwyddo o radio i deledu, oedd bod angen cnewyllyn o chwaraewyr fyddai ar gael yn ôl yr angen i gynrychioli Bryncoch United a'u gwrthwynebwyr. Mater bach ar y radio oedd creu awyrgylch gêm, ond erbyn hyn roedd angen cnewyllyn o ddynion o gig a gwaed oedd yn gwybod sut i gicio pêl, ac ar gael yn ôl y galw yn ystod yr wythnosau ffilmio. Gyda phencadlys y cwmni cynhyrchu yng Nghaernarfon, ddylai hynny ddim bod yn anodd. Dyma ardal gyda thraddodiad pêl-droed cryf, a digon o dimau bach brwdfrydig o fewn cyrraedd. Roedd angen ecstras hefyd i wylio'r gemau neu fod yn rhan o'r sbri ym mar y Bull.

Ond roedd yna un cymhlethdod arall. I gael actio ar y teledu roedd angen cerdyn Equity. Doedd dim hawl rhoi gwaith i neb hyd yn oed fel ecstras heb roi'r cynnig cyntaf i aelod o'r undeb actorion. Roedd gan Equity restr hir o aelodau yng ngogledd Cymru, llawer wedi ennill eu tocyn trwy berthyn i'r Variety Artistes Federation, undeb llai oedd wedi'i ymgorffori yn Equity. Doedd dim rhaid wrth y gallu i siarad Cymraeg, heb sôn am chwarae pêl-droed, i fod ar y rhestr. O ganlyniad roedd yna ddynion heb fawr o ddiddordeb mewn rhaglenni Cymraeg ar flaen y ciw i ymuno â thîm Bryncoch. Doedd gan hogia Caernarfon a'r cylch, a allai gyfrannu tipyn mwy at awyrgylch y rhaglenni, fawr o obaith o gael eu dewis.

Mae sgript rhaglen deledu gyntaf C'mon Midffîld yn mynd i'r afael â'r broblem, heb i'r gwylwyr sylweddoli. Yn y bennod honno mae Mr Picton yn colli ei limpyn yn y comiti ar ôl clywed fod bron bob un o dîm cyntaf Bryncoch i ffwrdd ar eu gwyliau neu'n gwneud rhyw esgus dros beidio bod ar gael i chwarae ar y Sadwrn canlynol. O ganlyniad doedd ganddo ddim dewis ond rhoi gêm i unrhyw chwaraewyr di-glem oedd yn digwydd bod ar gael. Aelodau Equity oedd yn y rhannau hynny. Oherwydd bod y rhain wedi cael eu gweld ymhlith yr eilyddion yn y rhaglen gyntaf, doedd dim modd eu cynnwys yn y tîm cyntaf yn yr ail raglen, nag am weddill y tymor. Roedd gofynion yr undeb wedi eu bodloni, a rhwydd hynt i ddewis yr hogiau lleol i chwarae o hynny ymlaen.

Nid tîm go iawn oedd cnewyllyn Bryncoch United wrth gwrs, dim ond actorion yn cymryd arnyn eu bod nhw'n bêl-droedwyr. Ond gan fod angen, o dro i dro, i rywun daro pêl i draed neu groesi'n gywir, roedd yn hanfodol cael rhai ar y cae oedd yn gwybod sut i chwarae. A dyna pam roedd cymysgedd o 'berfformwyr' llawn amser ac ambell gymeriad lleol yn y tîm.

Roedd y tîm yn newid hefyd o gêm i gêm, gan ddibynnu pwy oedd ar gael a phwy oedd mewn gwaith y diwrnod hwnnw. Byddai gwylwyr craff yn sylwi o dro i dro fod ambell un yn chwarae i Fryncoch yr wythnos yma ac i'r gwrthwynebwyr yr wythnos nesa. Ond daeth rhai aelodau'r tîm yn ddigon amlwg i gael eu hadnabod yn ôl enwau'r cymeriadau.

Yn ogystal â'r criw lleol o Gaernarfon oedd yn dod fel gwrthwynebwyr i Fryncoch – llawer ohonyn nhw o stad Peblig – bu clybiau pêl-droed eraill yn helpu yn y gyfres. Roedd criw tîm Llanrug yn barod iawn eu cymwynas, ac ar raglen 'Tibetans v Mowthwalians', tîm Porthmadog ynghyd â'r cadeirydd, Ioan Wyn Jones, yw'r criw sy'n gefn i Dafydd Hywel a David Lyn.

Rhwng pawb doedd ryfedd bod y gyfres wedi gwreiddio yn sownd ym mywyd bob dydd tref Caernarfon a'r pentrefi o gwmpas. Ac er nad oedd hynny'n sicrhau y byddai'n llwyddiannus, roedd y cysylltiadau yn creu ewyllys da o leiaf tuag at y gyfres ac at S4C yn ehangach. Ac nid hi oedd yr unig gyfres i wneud hynny wrth gwrs.

Yn ogystal a'r criw sydd i'w weld ar y dudalen nesaf, bu rhai eraill yn aelodau cyson o'r tîm:

John Hammond: (Bryn Bwrdd Dŵr). Canwr clybiau proffesiynol a phêl-droediwr da. Fo a Gerald oedd y gorau am groesi pêl.

Un arall oedd yn chwarae'n rheolaidd yn y dyddiau cynnar oedd **Alun Jones**, un o efeilliaid o Ynys Môn. Aelod o'r grŵp Broc Môr a pherchennog garej.

Dau ymunodd yn ddiweddarach oedd **Dafydd 'Bych'** o Waunfawr, a **Neil Williams**, aelod o'r grŵp Maffia Mr Huws. Roedd Neil yn un o'r pedwar aeth allan i'r Eidal i ffilmio gyda'r tîm. Mel, Rhys a Mal oedd y lleill.

> "Cof plentyn sydd gen i o C'mon Midffîld, ac er fy mod bellach yn 36 oed, mae'r DVDs yn cael eu tyrchu allan bob hyn a hyn. Yn ystod ffilmio C'mon Midffîld roeddwn i fel plentyn yn aelod o dîm Caernarfon United (yn y tîm dan 12) ac yn cofio'r hen gwt newid yn cael ei drawsnewid yn stiwdio ffilmio. Er fy mod ar y pryd yn rhy ifanc i fod yn rhan o'r rhaglen, dwi'n cofio'r hogia dan 16 yn cymryd rhan fel ecstras ac yn cael eu defnyddio fel chwaraewyr i dimau oedd yn chwarae yn erbyn Bryncoch fel Y Bont a Bryn Aber. Fel y datblygodd y cyfresi, daeth yr amser i mi gael cyfle i fod yn ecstra gan fy mod bellach yn y tîm dan 16.
>
> Mae gen i atgofion melys o'r ffilmio yng Nghae Phillips yng Nghaernarfon, ond roeddwn yn drist o glywed bod yr hen gwt newid wedi ei losgi i'r llawr rai blynyddoedd wedyn. Dwi'n meddwl ei bod yn bwysig cofio am y teulu o stad Sgubor Goch a roddodd gymaint o'u hamser i helpu yn ystod ffilmio'r cyfresi: y diweddar Trefor Owen a'i feibion David, Steven, Andrew, Ian a Dylan, gofalwyr y cae a'r cwt newid enwog. Roedd Trefor a'i feibion yn gweithio'n galed i gynnal a chadw'r cae a'r cwt, a'r hogiau hefyd yn ecstras – a hyn i gyd tra oedden nhw'n rhedeg tîm ieuenctid Caernarfon United."
>
> — Kevin Pritchard

Huw Charles
Actor o Fethesda a symudodd i Gaerdydd ac a fu'n gweithio ym myd animeiddio. Byr fu ei arhosiad gyda Bryncoch.

Gerald Craig
Gyrrwr tacsi gyda throed chwith grefftus iawn. Mae ei fab, Nathan, yn chwaraewr proffesiynol.

Geraint Williams
O Nantlle. Ar y pryd yn weddol ddi-waith ac ar gael.

David Owen
O Sgubor Goch. Ei dad, Trefor oedd gofalwr Cae Phillips lle chwaraewyd y gemau cartref. Roedd David yn un o bum brawd. Fel arfer David (a'i frodyr) oedd yn creu tîm gwrthwynebwyr Bryncoch ond bod y crysau yn newid. Un o'i frodyr, a chwaraeodd ambell gêm, yw'r artist poblogaidd Stephen John Owen.

Mal Lloyd
(Graham) o'r Groeslon. Gitarydd gyda'r grŵp Tumbledown Wind fu'n ddigon da i chwarae'r Wembley Arena. Actor, teilsiwr a chwerthwr heb ei ail.

Bryn Fôn
(Tecwyn Parri)

Alan Williams
(John Bocsar) Gweithio mewn ffatri gwneud offer dringo. Bownsar yn ei oriau hamdden. Mae ganddo linell neu ddwy o ddeialog yma a thraw.

Mel Fôn.
O Lanllyfni, ac yn frawd i Bryn. Chwaraewr taclus ac yn gweithio i'r Urdd ar y pryd. Anafwyd yn ddrwg mewn damwain ffordd.

Llion Williams
(George Huws)
Actor da o Fangor

Rhys Richards
(Harri) Actor da o'r Bala. Pe bai o wedi cael £5 bob tro i rywun weiddi 'Harri! Paid â chwara efo hwnna!' byddai'n ŵr cyfoethog. Chafodd o ddim.

Geraint Eifion
O Benygroes. Gweithio yn y theatr ar y pryd.

Lleoliadau

Creu comedi deledu a fyddai'n para am bum cyfres oedd y peth olaf ar feddwl y tîm cynhyrchu wrth ddechrau ffilmio. Doedd neb yn meddwl lawer pellach na'r chwe rhaglen nesaf. Roedd y diffyg paratoi hirdymor yn arbennig o wir wrth ddewis y lleoliadau ffilmio.

'Taswn i'n cael yr amser yn ôl, faswn i ddim wedi dewis y lleoliadau wnes i,' meddai Alun Ffred. 'Doedd rhywun ddim yn meddwl ymlaen llaw, dim ond meddwl beth oedd yn edrych yn iawn ar y pryd.'

Un enghraifft oedd tafarn y Bull, lle'r oedd llawer o'r golygfeydd yn digwydd. Ar gyfer y tu allan dewiswyd tafarn y Newborough yn y Bontnewydd, adeilad llawn cymeriad ond ei fod ar ymyl y briffordd o Gaernarfon i Borthmadog a Phwllheli. Roedd y traffig yn drwm ac yn ei gwneud hi'n amhosib ffilmio ar yr adegau prysuraf. Gwastraffwyd llawer o amser yn aros i bethau dawelu digon.

'Pam dewisais i honno, dwn i ddim,' meddai Alun Ffred. 'Mi fasa un o dafarnau Llanrug wedi bod yn llawer mwy addas.'

Ond gan mai'r Newborough a welwyd yn y gyfres gyntaf, doedd dim dewis ond aros yno ar gyfer y cyfresi eraill.

Ond nid yn y Newborough y ffilmiwyd golygfeydd y tu mewn i'r Bull. Cafwyd gwell lwc gyda'r lleoliad ar gyfer y golygfeydd rheini – ffilmiwyd nhw mewn hen adeilad yng nghefn gwesty'r Royal – neu'r Celt erbyn hyn – yng Nghaernarfon. Doedd y gwesty ddim yn defnyddio llawer ar y lle, ac roedd rhwydd hynt i'r criw fynd a dod fel y mynnen nhw.

'Roedd fan hyn yn lle delfrydol i ni, efo pob cyfleuster, ac roedden ni'n cael y lle i gyd i ni'n hunain,' meddai Alun Ffred.

Yn ardal Llanrug y ffilmiwyd y rhan fwyaf o olygfeydd y tu mewn i'r tai ar gyfer y gyfres gyntaf. Yno'r oedd tŷ Wali a Lydia Tomos, Arthur a Sandra Picton a thŷ Tecwyn a Jean. Ond cododd problem erbyn yr ail gyfres. Roedd perchnogion y tai wedi gwario'r arian oedden nhw wedi'i dderbyn am ddefnyddio'u cartrefi ar gyfer y gyfres gyntaf i beintio ac ailwampio'r tai, nes eu bod nhw'n edrych yn hollol wahanol. Felly bu'n raid symud i yn gyntaf i Ddoc Fictoria yng Nghaernarfon ac yna i stad y Faenol rhwng y Felinheli a Bangor ac ail-greu tai Wali a Picton mewn adeiladau yno. Gan eu bod nhw'n gymharol rad i'w rhentu roedd modd gadael y setiau yno o flwyddyn i flwyddyn.

Roedd cwt y comiti yn ganolog i lawer o'r penodau. Yno y byddai Picton yn bytheirio ac yn llyncu mul os byddai Wali neu Tecs mor haerllug ag anghytuno ag unrhyw un o'i benderfyniadau. Ffilmiwyd y golygfeydd hynny mewn hen sied ar gyrion pentref Rhosgadfan. Mae'r rhan hwnnw o'r hanes wedi diflannu heddiw, gan i'r adeilad fynd ar dân rai blynyddoedd yn ôl.

Diflannu hefyd fu hanes Cae Top, yr enw lleol ar y cae yng Nghaernarfon lle byddai tîm Bryncoch yn chwarae eu gemau cartref. Ar y safle hwnnw efo'r cytiau newid pren mae ysgol gynradd newydd sbon, Ysgol yr Hendre, a agorodd ym Mawrth 2012.

'Roedd o'n lle gwych o ran trefnu gemau pêl-droed,' meddai Alun Ffred. 'Mi oedd gynnon ni ryw fath o dîm Bryncoch, ond os bydden ni isio tîm i chwarae yn eu herbyn nhw mi oeddan ni reit yn ymyl stad tai Peblig neu Sgubor Goch. Roeddan ni'n nabod teulu efo pump o frodyr, a dyna hanner y tîm yn syth. Mi oedd ganddyn nhw ddigon o ffrindiau i alw arnyn nhw ac os oedd angen mi allen ni ffurfio tîm o fewn awr ar unrhyw ddiwrnod o'r wythnos, a'r rheini'n gymysgedd o bobol yr ardal.

'Dyna un o'r pethau mwyaf pleserus am y gyfres, bod rhywun yn cysylltu mor agos efo'i gynulleidfa, oedd yn dod yn rhan o'r rhaglen. Mi fydda clwb Llanrug a Llanberis yn dod aton ni, ac mi ddaeth Clwb Porthmadog i ofyn fasan nhw'n cael bod yn rhan o'r peth. Mi fuon nhw'n treulio dau ddiwrnod efo ni fel ecstras.'

Cafodd teitlau agoriadol y rhaglen eu ffilmio mewn gêm go iawn ar gae Nantlle Vale. Un o gymeriadau chwedlonol pêl-droed yr ardal, Peter Williams (Pete Coch), chwaraewr lleol dawnus, sy'n croesi'r bêl. Roedd Pete yn dal i chwarae pêl-droed pan oedd o dros ei hanner cant. Byddai rhai o'r rhaglenni'n cael eu dangos i gynulleidfaoedd lleol cyn eu darlledu.

'Dwi'n cofio un rhaglen awr lle mae 'na blismon, yn cael ei actio gan Merfyn Pierce Jones, yn dod i chwarae i'r tîm ac yn creu hafoc,' meddai Alun Ffred. 'Mi aethon ni i ddangos honno yn yr hen Country Club yn y Bontnewydd, gafodd ei addasu wedyn yn gartref i Bryn Terfel. Roedd 'na hen gwt ieir mawr tu ôl i'r adeilad, lle bydden nhw'n cynnal dawnsfeydd ac ati. Mi fuon ni'n ffilmio llawer yno, ac wedyn mi aethon ni'n ôl yno i ddangos y ffilm i griw o dimau pêl-droed lleol a chael noson dda iawn. Roeddan ni'n gwybod oherwydd y ffordd yr oedd y gynulleidfa'n ymateb fod pethau'n mynd i weithio. Dyna oedd un o gryfderau'r gyfres, bod pobol go iawn wrth eu boddau'n dod yn rhan ohoni.'

Y Gyfres Gynta

18 Tachwedd – 23 Rhagfyr, 1988

Cyfres Newydd

7.30
C'Mon Midffîld

Mae'n ddechrau tymor ar glwb pêl-droed Bryncoch, ac mae Arthur Picton, y rheolwr, yn meddwl bod gobeithion y clwb yn uchel eleni. Peth rhyfedd ydi gobaith! Ond mae trafferth annisgwyl yn aros pwyllgor cynta'r tymor.

Wali Thomas	MEI JONES
Arthur Picton	JOHN PIERCE JONES
Sandra Picton	SIÂN WHELDON
Tecs	BRYN FON
Tudor	WYN BOWEN HARRIES

Cynllunydd Merfyn Rowe
Camera Dafydd Hobson
Sain John Muxworthy
Golygydd Lewis Fawcett
Cyfarwyddwr Alun Ffred Jones
NANT

First episode of a comedy series about a small football club with big or at least biggish ideas. Arthur Picton starts the season full of hope for glory.

Ar yr Awyr

Roedd ymddangosiad cyntaf C'mon Midffîld ar y teledu yn destun tipyn o sylw yn y wasg Gymraeg, a'r gair 'transffyr' yn demtasiwn amlwg yn y penawdau. Arthur Picton oedd y cymeriad mwyaf amlwg yn y lluniau cyhoeddusrwydd. Yn *Sbec*, cylchgrawn wythnosol S4C, gosodwyd cwis i ddathlu'r achlysur. Dim ond trwy wylio'r chwe rhaglen yn y gyfres gyntaf yr oedd modd ateb cwestiynau fel 'Yn erbyn pwy oedd gêm gynta'r tymor?' a 'Beth oedd enw Mam Wali?' Y wobr oedd pêl droed.

Wrth restru rhaglenni'r wythnos i ddod, mae *Golwg* yn dweud:

O'r diwedd, clasur Mei Jones ac Alun Ffred yn cyrraedd y sgrin fach ... Ar ôl sawl cyfres gomedi sefyllfa wan gan S4C, y gobaith yw mai dyma'r gyfres fydd yn claddu ysbryd *Fo a Fe* unwaith ac am byth.

Mae erthygl ddwy dudalen yn yr un rhifyn o *Golwg* yn dweud fod ail gyfres eisoes ar y gweill. Mae'r erthygl yn dyfynnu o gyfweliad gyda Mei Jones, sy'n dweud:

Yr un cymeriadau sy'n ymwneud â thîm pêl-droed ble bynnag yr ewch chi. Rheolwr sy'n meddwl ei fod o'n rhedeg tîm Adran Gynta a chwaraewyr sy'n cymryd eu hunain ormod o ddifri. Y gwrthdaro rhyngddyn nhw sy'n creu'r comedi yn y drasiedi bathetig sy'n cael ei chwarae bob Sadwrn.

Mae'n cydnabod yn y cyfweliad fod rhai o'r bobol y daeth ar eu traws wrth chwarae i Bontrhydfendigaid yn ystod ei ddyddiau coleg wedi tanio'i ddychymyg:

Mae'r cymeriadau yna, ond dim cymaint o'r digwyddiadau eu hunain – fyddai pobol ddim yn eu credu beth bynnag.

Mae golygfa agoriadol y gyfres yn enghraifft dda o'r gwahaniaeth rhwng radio a theledu. Ar wahân i ebychiad neu ddau, does dim gair yn cael ei ddweud wrth i Wali Tomos wthio'r peiriant calch ar hyd y lein sy'n marcio ffiniau cae Bryncoch. Mae'n stopio'n sydyn ac yn pendroni ar ôl gweld cacen o faw buwch ar

ganol ei lwybr. Mae'n ystyried symud y rhwystr efo'i ddwylo, ond yn penderfynu gwneud hanner cylch o'i gwmpas. Mae'r camera'n troi i fyny i ddangos bod yr un rhwystrau wedi gadael eu marc ar rannau eraill o'r lein. Mae'n un o'r golygfeydd mwyaf cofiadwy yn y gyfres, un na fyddai wedi bod yn bosib ar y radio. Mae'r cymeriadau eraill yn cael eu cyflwyno o un i un, ac eithrio George, a fyddai'n ymddangos yn yr ail raglen.

Er bod y ffyddloniaid wedi gwirioni ar y gyfres o'r dechrau, doedd y ffigyrau gwylio ddim mor uchel â hynny ar gyfer y gyfres gyntaf: anaml y byddai'n cyrraedd y deg uchaf oedd yn cael eu cyhoeddi yn *Y Cymro*. Byddai'n cymryd tipyn o amser i'r raglen ennill ei phlwy, er gwaethaf llwyddiant y cyfresi radio. Ond roedd yr adolygwyr teledu i gyd fel petaen nhw'n synhwyro'r llwyddiant oedd i ddod.

Serch hynny doedd Llinos Fôn yn *Y Cymro* ddim yn rhyw siŵr beth i'w feddwl ar y dechrau:

Yr oedd C'mon Midffîld ar y radio yn wironeddol wych, ond wedi gwylio'r rhaglen gyntaf yn y gyfres deledu roedd gen i fy amheuon. Yr wyf wedi penderfynu fodd bynnag mai rhoi cig a gwaed i leisiau'r cymeriadau oedd yn gyfrifol am hyn ac mai'r addasu yma oedd yn rhoi sioc i'r system.

Bellach dwi'n teimlo 'mod i wedi dod i nabod y prif gymeriadau erioed. Y mae'r sgript a'r prif gymeriadau fel ei gilydd yn taro deuddeg – ac yn sicr mi fyddaf inne yn un o gefnogwyr ffyddlon Bryncoch United o hyn ymlaen.

“ Yn 1991, cynhaliwyd cystadleuaeth ar raglen *Nos Sadwrn* S4C i ddewis y Wali gorau. Roeddwn i wrth fy modd efo C'Mon Midffild, felly mi berswadiodd y genod yn ffatri Moffat, Blaenau Ffestiniog, lle roeddan ni i gyd yn gweithio, fi i gystadlu. Roeddwn i dros fy hanner cant ar y pryd!

Ffatri wnïo oedd Moffat, ac felly ymhen dim roedd y genod wedi creu côt werdd i mi, yn union yr un fath ag un Wali. Dim ond sbectol, bresys a mwstash oedd ei angen wedyn! Roedd 'na tua 40 ohonan ni'n cystadlu – Mei Jones ei hun oedd y beirniad – a fi enillodd!

Wrth gyhoeddi'r enillydd, mi ddwedodd Mei ei fod o'n ffansïo un Wali yn arbennig – ond nad oedd o erioed wedi gweld Wali efo bronnau o'r blaen!

£200 oedd y wobr, aeth tuag at waith I Iosbis Gwynedd. Ers hynny, mae 'na lawer iawn wedi cael benthyg y gôt werdd, ac erbyn hyn mae fy wyrion ac wyresau'n mwynhau'r rhaglenni gymaint â fi. ”

—
Eurwen Davies

Yn *Golwg* mae'r colofnydd teledu Catrin M. S. Davies hefyd yn croesawu'r rhaglen:

Cyfres arall sy'n plesio ydi C'mon Midffîld ac mae hynny'n dweud lot achos dwi ddim hyd yn oed yn lico pêl****droed. Ond nid am bêl-droed y mae'r gyfres ond yn hytrach am bobol, a'r rheini yn bobol sy'n ddigon real a chredadwy.

Mae'r chwerthin yn dibynnu ar ddeialog, *one liners* bachog a digwyddiadau doniol ...

Mae'n rhaid bod llwyddiant y cymeriadau a slicrwydd y ddeialog yn dod oherwydd bod yr actorion a'r awduron wedi hen gyfarwyddo â'r cymeriadau o ddyddiau'r gyfres radio. Dyma, mae'n siŵr, freuddwyd nifer fawr o actorion teledu – cael y cyfle i ddatblygu cymeriadau, drwy brofiad neu ymarferion, cyn mynd o flaen y camera. Cyfle digon prin, ar y cyfan, ym myd teledu Cymru.

Mae Wynne Lloyd yn y *Western Mail* yn olrhain dechrau'r gyfres ar y radio, ac yn lambastio pwy bynnag oedd wedi gadael y penodau cyntaf ar silff yn y BBC ym Mangor heb sylweddoli eu gwerth:

Eventually the script was read by someone of more heightened perception who saw, glittering before his eyes, a rich vein of comedy so difficult to find in Welsh language situation comedy. C'mon Midffîld was an instant success on radio which has led to its being adapted for the small screen.

The trials and tribulations of this remote soccer team floundering in the murky depths of a league light years away from even the Fourth Division have given authors Mei Jones and Alun Ffred a field day.

The characters are a motley collection strategically located on the fringes of Caernarfon, devious, indolent and undisciplined.

John Pierce Jones gives a wonderful lease of life to this burly, manipulating manager to whom his team is his life. He is surrounded by a galaxy of characters, notably Wali played by Mei Jones, Tex by Bryn Fôn and Siân Wheldon as Picton's daughter Sandra.

The storylines are full of opportunities for comedy and are richly expressed in the vivid local speech and exploited with abandon by the cast. Nant has done well to capitalise on the success of the radio series but there are sequences that, for me, come over best on radio. It is, however, a considerable achievement to mount a series which is so much fun, so rare a commodity in our situation comedy on S4C.

A'r gair olaf i Elin Mair yn *Y Faner*:

Hoff raglen y mis yma heb os ydi C'mon Midffîld. Mae yna adeg y dylai pob colofnydd teledu gau ei cheg / geg. A dyma fo. Dwi'n mwynhau, yn chwerthin mwy nag a wnes i ar ben dim ar S4C. Grêt. Mae o wedi trosglwyddo'n swît o un cyfrwng i'r llall. Amen.

Cyfres 1 – Pennod 'Y Trip'

Golygfa lle mae Wali a Mr Picton yn rhannu gwely

Wali: Fuoch chi ddim yn coleg naddo, Mr Picton?

Picton: Coleg bywyd te 'ngwash i. Dod i nabod y ddynol natur 'te.

Wali: Ia ... go dda.

Picton: Na. O'n i'n ddarllenwr mawr iawn ar un adag. Darllan y clasuron i gyd.

Wali: Be? Poetri a ballu?

Picton: Ia. Cynan, Shakespeare a'r rheina. Eww, Eifion Wyn oedd y dyn. Bardd mawr iawn. Mawr iawn.

[saib]

Wali: Mwy na chi hyd yn oed?

Picton: Oedd.

[saib]

Wel, mewn amball i beth 'de.

[saib]

Wali: Be ddigwyddodd iddo fo, Mr Picton?

Picton: Marw 'de Wali. Y rhyfal mawr. Bardd y gadar ddu. Glywist ti am honna ma'n debyg?

Wali: Mahogani.

Picton: Mahogani? Birkenhead!

Wali: Birkenhead?

Picton: Ia!! Birken-blwmin-head!

Wali: Wrth Lerpwl?

Picton: Wrth gwrs wrth Lerpwl, lle gythraul arall mae o? Argol, be ddysgon nhw i chdi'n rysgol na? Hy!

Wali: Dyna lle ath Jên.

Picton: Pwy?

Wali: Jên Tŷ Cocyn. Mi briododd efo dyn gwerthu tintacs o Birkinhead a welodd neb mohoni byth wedyn.

[saib]

Eifion rwbath odd hwnnw hefyd.

Picton: Ia, ond dim ond un Eifion Wyn oedd yna te.

'Aros mae'r mynyddau mawr.
Rhuo drostynt mae y gwynt.'

Ewww, na 'ti ddeud Wali. 'Sa fo 'di cyrradd y top 'sa fo 'di cal byw, sdi.

69

Golygfa o gyfres 1, pennod 2: Seren Ddisglair
Ymddangosiad cyntaf George Huws ym Mryncoch.
Yma'n amddiffyn Wali rhag yr 'hwdlyms o dre'.
Huw Roberts yw'r dyn sydd wrthi'n rhoi cic go
soled i George – fo oedd hefyd yn adeiladu props
ar gyfer y rhaglen.

Yr Ail Gyfres

12 Ionawr – 23 Chwefror, 1990

Seren go iawn

Mei Jones ac Alun Ffred yn rhedeg dros yr olygfa gyda Mark Hughes yng nghae yr Oval yng Nghaernarfon

Doedd sgorio gôl ddim yn brofiad dieithr i Mark Hughes ar ddechrau'r naw degau: chwaraewr y flwyddyn, prif sgoriwr Manchester United, dros ugain gôl mewn tymor, a dwy o'r rheini yn erbyn ei hen glwb, Barcelona, i ennill Cwpan Ewrop. Ond i lawer o ffyddloniaid C'mon Midffîld doedd hynny'n ddim byd o'i gymharu â'r gôl a sgoriodd ar yr Oval yng Nghaernarfon yn erbyn Bryncoch United.

Syniad Mei Jones oedd sgwennu pennod am brofiad sy'n gyfarwydd i lawer o glybiau bach: trefnu gêm yn erbyn tîm o sêr i godi arian, a gorfod bodloni yn y diwedd ar un neu ddau o gyfryngis nad oes fawr neb wedi clywed amdanyn nhw. Dathlu canmlwyddiant Bryncoch United oedd y bwriad, a mynd i bob math o drafferthion wrth i'r capel, oedd hefyd yn dathlu, a'r clwb gystadlu am gefnogaeth ac arian.

Y bwriad gwreiddiol oedd cael Ian Rush i chwarae yn yr Oval yng Nghaernarfon, ond doedd asiant seren Lerpwl a Chymru ddim yn ffonio'n ôl, nac yn ymddangos yn awyddus iawn i gydweithredu. Yn achos Mark Hughes roedd yna un fantais. Roedd Huw Roberts, y sgowt oedd wedi ei ddarganfod yn llanc ifanc a'i ddenu i Old Trafford, yn byw yn y Groeslon ger Caernarfon ac yn adnabod Alun Ffred yn dda. Trwy 'Huw Man U' y gwnaed y cysylltiad ag asiant Mark Hughes a chael pob help ganddo.

Yn y sgript mae Mr Picton wedi gwneud pob

math o addewidion, ond swm a sylwedd tîm y sêr ydi'r Vaughan Hughes go iawn ac amrywiaeth o chwaraewyr sydd i fod i edrych yn debyg i enwogion sy'n cynnwys Les Dawson, Ian Botham, Ian Rush a Mici Plwm. Mae Wali wedi bod yn honni o'r dechrau bod ganddo gysylltiad teuluol pell a chymhleth efo Mark Hughes, ac y byddai'n gofyn iddo ddod yno i chwarae. Does neb yn ei goelio wrth gwrs, ond roedd Wali yn llygad ei le.

Roedd mwy o dorf nag arfer yn gwylio Bryncoch y diwrnod hwnnw, a'r gêm wedi hen ddechrau pan gyrhaeddodd Mark Hughes.

'Dim ond un olygfa oedd ganddo fo, ac mi aeth popeth yn ddidrafferth iawn,' meddai Alun Ffred.

Roedd Mr Picton dan bwysau a'r dorf yn dechrau anniddigo wrth weld y twyll, pan gyrhaeddodd Mark Hughes a dweud ei linell fer ond cofiadwy: 'Wali Tomos – jans am gêm?'

Unig gyfarwyddyd Alun Ffred iddo oedd bod rhywun am basio'r bêl iddo yn o agos i'r llinell hanner a'i fod i redeg heibio amddiffynwyr Bryncoch a sgorio gôl. A dyna ddigwyddodd – ar ôl i Mr Picton alw'r Mici Plwm ffug oddi ar y cae i wneud lle iddo.

Mewn ychydig eiliadau roedd y cwbwl drosodd.

'Mi oedd pawb yn trio'i daclo fo ond roedd o fel dewin yn chwara mig efo nhw. Mi aeth o drwy'r cwbwl lot fel cyllell trwy fenyn a sgorio'r gôl!' meddai Siân Wheldon oedd yn gwylio'n llawn edmygedd ar y lein.

'Mi ddeudodd Ffred wrtha i: "Paid â'i safio hi beth bynnag wnei di!"' meddai Bryn Fôn oedd yn y gôl. 'Ond doedd gen i ddim gobaith. Mi oedd hi yn y rhwyd cyn i mi symud.'

'Un têc oedd angen,' meddai Alun Ffred. 'Mi ddylwn i fod wedi gwneud shot arall ohono fo ond mi oedd amser braidd yn brin ac mi o'n i mor falch ei fod o wedi cyrraedd a bod ganddon ni rywbeth yn y can. Wedyn dyma ni'n gofyn oedd o ffansi dod am ginio efo ni ac mi oedd o'n barod iawn i ddod.'

'Beth oedd yn braf oedd ei fod o'n hogyn mor ddiymhongar; doedd 'na ddim byd yn fawreddog ynddo fo o gwbwl,' meddai Bryn Fôn.

Ond doedd diwrnod gwaith yr ymwelydd ddim drosodd eto. Er nad oedd hynny'n rhan o'r cytundeb, gofynnodd Alun Ffred iddo oedd o'n fodlon eistedd mewn cymanfa ganu oedd i'w ffilmio wedyn, i godi arian at y capel. Ac mi gytunodd ar unwaith, er na wnaeth o ddim canu.

'Mi roddwyd Mark Hughes i eistedd drws nesa i Sandra,' meddai Siân Wheldon. 'Fel merch fach yn toddi wrth ymyl ei harwr, mi fachais i ar y cyfle i ofyn iddo fo am ei lofnod. Ac mae o gin i hyd heddiw.'

Wali: Mr Picton ... Mae'r pyntars yn dechra cwyno, beryg iddi droi'n fudur 'chi.

Picton: Damia!

Sandra: Sa'n well i ni roi pres yn ôl iddyn nhw.

Arthur: Dim ffiars!

Llais yn y cefndir: Wali Tomos?

Wali: Ia

[yn troi]

Mark Hughes: Jans am gêm?

[Wali yn tynnu sylw Arthur sy'n canolbwyntio ar y gêm]

Wali: Mr Picton ... Mr Picton!

Arthur: Be?

Wali: Mark Hughes.

[saib]

Arthur: Wel ar f'enaid i.

[Yn codi]

Mark. Awê.

[Saib, yna'n gweiddi]

REFF! MÎCI PLWM!

Wali: Ddudish i do!

Sandra: Do, Wali ... Mi ddudis di.

Roedd C'Mon Midffîld yn cael ei ffilmio yn y tŷ tafarn lle ges i fy magu, a Dad oedd yn tywys y camel drwy Llanrug ym mreuddwyd George!

- Donna Louise Roberts-Jones

Glyn, Ffidich

Plismon: Reit. Enwa. Chdi.

Tecs: Tecwyn Parri.

[saib]

Plismon: Cyfeiriad?

Tecs: 4 Maes Tirion, Bryncoch.

Plismon: Nesa?

Picton: Arthur

Plismon: Syrnâm.

Picton: (Ar ôl edrych ar y poteli wisgi tu ôl i'r bar) Bell.

Bryn Glas. Bae Colwyn.

[Saib]

Plismon: Chdi. [George]

George: Walker.

[saib]

John Walker.

[saib]

5 George Street, Caergybi.

[saib]

Plismon: Ia? [troi at Wali]

Wali: Glyn.

[saib]

Plismon: Syrnâm?

Wali: Ffidich.

[saib]

Plismon: Glyn Ffidich. Ydach chi'n siŵr?

Wali: Yndw tad, gofynnwch i Mr Picton!

Pa un oedd yr olygfa orau a welwyd erioed ar C'mon Midffild? Yn ôl gwylwyr S4C, yr olygfa 'Glyn Ffidich' allan o'r ail gyfres deledu sydd ar y brig. Ugain mlynedd ar ôl i'r bennod honno gael ei darlledu gyntaf, gofynnodd y sianel i'w gwylwyr ddewis eu hoff olygfeydd allan o'r pum cyfres deledu. Dangoswyd y deugain uchaf mewn dwy raglen Nadolig yn 2010. A doedd gan y gwylwyr ddim amheuaeth mai'r digwyddiad lle mae Tecs, Picton, George a Wali yn cael eu dal yn yfed ar ôl amser yn y Bull oedd yr olygfa fwyaf cofiadwy o'r cyfan.

Mae'r plismon (Morfyn Pierce Jones) yn holi'r pedwar troseddwr am eu henwau, a phob un yn ymateb yn unol â'i gymeriad: Tecwyn yn dweud y gwir, Picton a George yn gelwyddgwn naturiol a digydwybod, a Wali, efo'i Glyn Ffidich, yn gwneud smonach o'i gelwydd.

Er mai awdur y ddialog oedd Mei Jones, fe wnaeth Alun Ffred un cyfraniad allweddol. *'Brown, Newcastle'* oedd llinell wreiddiol Wali.

'Doedd hi ddim yn taro'n iawn rhywsut,' meddai, 'ac mi ofynnes i Mei roi cynnig arall arni. Drannoeth daeth â'r berl fach newydd, "*Glyn, Ffidich!*"'

Mae Mei Jones yn cytuno â'r gynulleidfa mai honno yw'r olygfa sy'n sefyll allan. Yr amseru a'r seibiau oedd un rheswm am ei llwyddiant, meddai.

'Dydi rhai pobol ddim yn hoffi saib hir mewn golygfa ac yn tueddu i roi cerddoriaeth dros bopeth. Diolch byth, does 'na ddim byd felly yn hon. Mae tawelwch yma, a phopeth yn hamddenol braf. Mae hi'n ddrama ar ei phen ei hun. Mae rhywun yn gweld yr olwynion yn troi ym meddyliau pob cymeriad, ac wedyn yr ergyd gan Wali: "*Yndw tad, gofynnwch i Mr Picton!*" Mae'r holl waith caled gafodd ei wneud trwy'r blynyddoedd yn cael ei wobrwyo yn yr un olygfa yna.'

Gemau Bach
...a Mawr

Pa gêm bêl-droed yng ngogledd Cymru a ddenodd y dorf fwyaf yn ystod 1990? Er nad oes ffigyrau swyddogol ar gael, mae'n fwy na thebyg mai'r gêm rhwng tîm C'mon Midffîld a thîm *Pobol y Cwm* oedd honno. Fe'i cynhaliwyd ar gae pêl-droed Nantlle Vale ym Mhenygroes yn ystod wythnos Eisteddfod yr Urdd yng Nglynllifon ddiwedd mis Mai i godi arian i'r clwb ac achosion da lleol. Digon pitw oedd torfeydd y Cae Ras, Wrecsam ar y pryd, ond daeth rhwng tair a phedair mil i wylio'r gêm ar Faes Dulyn gan dagu trafnidiaeth ar hyd yr A487.

Roedd stori tîm C'mon Midffîld wedi dechrau ryw filltir i lawr y ffordd, pan wahoddwyd criw'r rhaglen i chwarae yn erbyn rhai o ddynion y pentref er mwyn codi arian. Hwnnw oedd y tro cyntaf i dîm yn cynrychioli'r gyfres fynd ar y cae. A bu'n dipyn o fedydd tân! Penderfynodd tîm Llanllyfni ddangos i'r 'petha telifision 'ma' nad oedd ysbryd Orig Williams wedi llwyr ddiflannu o'r tir, a bu rhychu a thaclo go ffyrnig ar gae'r pentref. Un o'r gwahoddedigion y noson honno oedd John Ogwen, chwaraewr dawnus a fu ar lyfrau Bangor pan oedd yn ifanc. Doedd ei ddribl crefftus ddim wrth fodd tîm y Llan a chafodd gic neu ddwy go solet – tebyg i'r driniaeth a gafodd Pele yng Nghwpan y Byd 1966 yn Lloegr. Does neb yn cofio gweld John mewn sgidiau pêl-droed ar ôl hynny! Yr actor Fraser Cains oedd yn y gôl i dîm Midffîld y diwrnod hwnnw.

Bu cryn alw wedyn ar i'r tîm chwarae ar achlysuron arbennig. Ond yn ôl Alun Ffred, roedd y criw wedi dysgu gwers neu ddwy erbyn hynny.

'Roedden ni'n pwysleisio wrth y trefnwyr nad tîm pêl-droed go iawn oedden ni,' meddai. 'Felly doedd dim pwynt iddyn nhw roi tîm o betha ifanc ffit, cyflym yn ein herbyn ni. Mi ddysgon ni hefyd fod yn rhaid cael cnewyllyn solet o'r prif gymeriadau ar y cae. Neu mi fydden ni fel Arthur Picton a'i dîm o "sêr" yn un o benodau Midffîld – fyddai neb yn nabod y chwaraewyr.

'Felly roedd yn rhaid inni gael Bryn Fôn (Tecs), Llion Williams (George) a Mei Jones (Wali) yn ogystal â chymeriadau cyson fel Rhys Richards (Harri) a Mal Lloyd (Graham) i chwarae'n gyson. Wedyn mi fyddai actorion eraill oedd â rhyw siâp pêl-droed arnyn nhw, fel Maldwyn John, Merfyn Pierce Jones a Dewi Rhys, yn dod yn eu tro.

'Mi fydden ni hefyd yn trio gofalu fod ganddon ni ddau neu dri o bêl-droedwyr go iawn oedd yn dal yn weddol ffit. Roedd hynny'n help i wneud cystadleuaeth ohoni a dal pethau wrth ei gilydd os oedd y gwrthwynebwyr yn gryf.'

Ymhlith y chwaraewyr hynny roedd Ronnie Thomas o Dal-y-sarn a Meilir Owen, cyn-reolwr Porthmadog. Roedd ganddyn nhw ddigon o gysylltiadau i ddod ag ambell 'ringar' efo nhw petai pethau'n mynd yn fain.

Yn anffodus, dim ond yn ystod cyfnodau ffilmio C'mon Midffîld yr oedd hi'n bosib cael y tîm at ei gilydd. Ar adegau eraill byddai'r actorion yn gwneud pethau eraill a doedd dim sicrwydd y bydden nhw ar gael.

Tîm 'Bryncoch' yn chwarae un o'i gemau arbennig. Ym Mhenygroes mae'r gêm yma – mae cae plastig canolfan hamdden Plas Silyn bellach ar y safle yma.

Ond er gwaetha'r anawsterau, llwyddodd tîm Bryncoch i chwarae gemau ym Mhenygroes, Caergybi, Llangernyw, Yr Wyddgrug, Corris (ddwywaith), Llanuwchllyn, Llanfyllin a Phontrhydfendigaid.

Ar yr ail ymweliad â Chorris cafodd y criw groeso mawr a thorf dda i'w gwylio ar noson lawog. Roedd dau aelod o dîm Nantlle Vale wedi dod i gryfhau'r garfan y noson honno, sef Dic Williams ac Alan Williams. Bonws arall oedd bod dyweddi Alan, y gantores Siân Gibson, wedi dod i gadw cwmni iddo. Pan aeth i'r dafarn leol i sychu ar ôl y gêm, aeth Siân at y piano yn y gornel a chafwyd noson hir o ganu da.

'Wel, roedd o'n swnio'n dda ar y pryd,' meddai Rhys Richards. 'Handi iawn ydi cael cyfeilyddes a chantores i arwain, heb sôn am leisiau Bryn a Mei. Ac mae Llion yn medru dal tiwn hefyd.'

Pan chwaraeodd y tîm ym Mhontrhydfendigaid, roedd hynny fel mynd adre i Mei a Bryn gan fod y ddau wedi chwarae i'r Bont yn y gorffennol. Cafwyd llety mewn gwestai yn Nhregaron – y Talbot a'r Llew Coch.

'Roedd y nos Sadwrn yn Nhregaron fel bod yn Carson City yn y Wild West,' yn ôl Mal Lloyd, sydd wedi gweld nos Sadwrn neu ddwy go fywiog yng Nghaernarfon. 'Pan es i 'ngwely yn oria mân y bore yn y Talbot mi ddudis i "nos dawch" wrth ryw ffarmwr wrth y bar. Pan godis i'r bora wedyn roedd o'n dal yno'n cael ei frecwast. Lle ar y diawl!'

Brwydr Maes Dulyn

C'mon Midffîld v. Pobol y Cwm

O ran cyffro ac awyrgylch, doedd dim gêm i'w chymharu â'r un ar Faes Dulyn rhwng timau C'mon Midffîld a *Phobol y Cwm*. Roedd tîm *Pobol y Cwm* yn ei anterth yr adeg honno ac yn chwarae yn eithaf cyson dan gapteiniaeth Gwyn Elfyn, neu 'Denzil' yn y gyfres. Trwy Huw Ceredig ('Reg') llwyddwyd i'w denu i'r gogledd efo tîm go gryf.

Ieuan Parry oedd cadeirydd clwb Nantlle Vale ar y pryd.

'Doeddan ni ddim yn siŵr beth i'w ddisgwyl,' meddai Ieuan. 'Torf o ryw chydig gannoedd am wn i. Ond mi gyrhaeddodd rhyw ffarmwr yn gynnar iawn i'r cae a'n rhybuddio ni: "Mi fydd 'na lawer yma heno gewch chi weld. Ro'n i ar gae'r sioe [sef y Steddfod] pnawn 'ma a'r gêm oedd testun sgwrs pawb."'

Roedd y ffarmwr yn llygad ei le. Erbyn chwech o'r gloch roedd y meysydd parcio yn orlawn a gyrwyr wedi parcio ar y ffordd fawr yr holl ffordd i Dal-y-sarn. Cyrhaeddodd Llion Benygroes ar gyfer y gêm a gorfod gadael ei gar ar yr A487 ar gyrion y pentref a rhedeg i'r cae.

'Gan fod ceir wedi parcio blith drafflith roedd yn rhaid i mi gerdded i'r cae ar hyd llwybr yr hen reilffordd i Dal-y-sarn,' meddai Alun Ffred. 'O'r fan honno mae 'na olwg dda o'r cae oddi tanoch chi ac mi ddychrynais wrth weld y lle dan ei sang.'

Nid fo oedd yr unig un i ddychryn chwaith. Cyrhaeddodd cyn-golwr Cymru, Dai Davies, y maes gan ofyn pwy oedd 'in charge'.

Yn ôl Cadeirydd y Clwb, Ieuan Parry: 'mi ddwedodd Dai wrthon ni am roi gorchymyn i gau'r clwydi ar sail iechyd a diogelwch. Beth pe bai angen ambiwlans? Roedd o'n eitha blin.' Ymateb y cadeirydd oedd: 'Mae'n well i ti ddweud wrthyn nhw dy hun.' Ond erbyn hynny doedd Dai ddim yno. Mae'n debyg ei fod wedi ei gario gyda'r dyrfa i ryw gornel neu'i gilydd, a dal i ddylifo i'r cae wnaeth y bobol.

Yn ffodus mae'r gêm ar gof a chadw gan fod cwmni teledu wedi mynd yno i ffilmio ar gyfer rhaglen fore o faes yr Eisteddfod. Ac mae hi ar un o DVDs Sain bellach ynghyd â 'sylwebaeth' Alun Ffred.

'Mi wnes i sylwebaeth fyw ar y noson hefyd ond ddilynodd fawr neb mohoni achos bod y lle mor swnllyd a'r system sain braidd yn hynafol!'

Roedd yn achlysur cofiadwy, a gêm gofiadwy hefyd, gan fod digon o rai ar y cae oedd yn medru chwarae pêl-droed, a digonedd yn digwydd oddi arno, diolch i'r ddau lumanwr, Wali Thomas a Jeifin Jenkins (Iestyn Garlick). Orig Williams ddechreuodd y gêm, ar y cae roedd o wedi ei lordio hi arno fel chwaraewr a rheolwr am flynyddoedd. Mae cof byw yn yr ardal amdano'n cyrraedd Penygroes ar brynhawn Sadwrn mewn Jaguar gwyn a chôt croen dafad wen. Dyn yn cymryd ei waith o ddifri!

Chwaraeodd y dyfarnwr ei ran yn gampus yn y felodrama. Fe wyddai Nic Parry (y Barnwr Parry, bellach) pryd i chwythu'r chwiban a phryd i beidio. Difyr hefyd oedd gweld Robin Ken Thomas o Nebo – cyn-chwaraewr

i Wrecsam ac i'r Vale yng nghyfnod Orig yn y 60au – yn ôl ar y cae ac yn sgorio un o goliau tîm Midffild.

Roedd hi'n gêm gyffrous, a thîm *Pobol y Cwm* cystal bob tamaid â'u gwrthwynebwyr. I lawer yr uchafbwynt oedd ymddangosiad Mei Jones ar y cae yn yr ail hanner, yn dal i wisgo bresys a beret Wali Tomos, ond heb ei sbectol. Doedd dim llawer o'r dorf yn gwybod fod Mei wedi chwarae i dîm ysgolion Cymru – fel y gwnaeth y cyflwynydd chwaraeon Gareth Roberts, oedd yn nhîm Cwmderi'r noson honno. A bu bron i Mei sgorio gôl y flwyddyn, pan lwyddodd i gicio'r bêl din-dros-ben yn null Mark Hughes neu Wayne Rooney. Clecio yn erbyn y trawst wnaeth hi, er mawr ryddhad i Eurwyn Williams yn y gôl a siom i'r dorf.

Ond Walter Tomos gafodd y gôl i ennill y gêm. Nid ein lle ni ydi awgrymu bod y dyfarnwr wedi cael ei ddylanwadu gan y dorf yn y funud olaf, er mai dyna'n sicr oedd barn chwaraewyr Cwmderi. Daeth cic o'r smotyn i dîm Midffild ac ar yr ail gynnig fe rwydodd Mei Jones gan ddod â gem ac achlysur bythgofiadwy i ben. Mawr fu'r dathlu hyd oriau mân y bore medden nhw.

Un na fu'n dathlu llawer serch hynny oedd Bryn Fôn. Roedd o wedi cytuno gyda Robin Evans o Ffilmiau'r Nant i sgrifennu cân am yr achlysur ar gyfer rhaglen fore drannoeth o'r Steddfod. Cytunodd hefyd i ganu'r gân yn fyw ar y rhaglen. Felly bu'n llosgi'r gannwyll tan berfeddion nos i gadw at ei air. Fo oedd galla a to oedd yr iacha o'r chwaraewyr mae'n debyg.

Y Drydedd Gyfres

12 Ionawr – 16 Chwefror, 1991

1 Yr Italian Job

2 Il Lavoro In Italia

3 Tŷ Fy Nhad

4 Tibetans V Mouthwelians

5 O Mam Bach

6 Meibion Bryncoch

Meibion Bryncoch

Mae Wali Tomos yn cael ei arestio ar amheuaeth o losgi tai haf, a'i holi gan blismon o'r enw Picton. Y diwrnod cynt cafodd Tecs hefyd ei arestio, yntau'n cael ei amau o fod yn aelod o Feibion Glyndŵr. Mae plismyn wedyn yn galw i weld Arthur Picton i holi oedd gan Tecs a Wali unrhyw elynion fuasai'n dymuno gweld y ddau yn y clinc.

Gallai fod yn ddefnydd pennod ddoniol o C'mon Midffild, ond nid comedi oedd hi y tro yma. Yr actorion, nid eu cymeriadau, aeth trwy'r profiadau bisâr hyn yn Chwefror 1990.

Bryn Fôn oedd y cyntaf i gael ei arestio. O fewn dim i ddechrau chwilio'i gartref yn Nasareth ger Caernarfon roedd plismyn wedi dod o hyd i ddeunyddiau gwneud bom wedi'u cuddio mewn wal gerrig yn ymyl y tŷ. Barn Bryn Fôn oedd mai'r heddlu oedd wedi eu plannu nhw yno. Aed â Bryn i orsaf yr heddlu yn Nolgellau a'i gadw yno am 50 awr cyn ei ryddhau heb unrhyw gyhuddiad. Aed â'i gariad, Anna, yno hefyd ond cafodd hi ei rhyddhau ar unwaith.

Wali: Sut ma'r clostorffobia?

Picton: 'On i wedi anghofio amdano fo cyn i ti sôn.

Wali: Ia, dyna 'di'r peth gora i neud. Be am ... y ... chwara' gêm? Neith hynny helpu.

Picton: Ia, gawn ni rownd bach o golff.

Wali: Ha ha ha, naci siŵr. Ma isho peli a ffyn i beth felly!

Be am rwbath fel I-spy?

Picton: Sut fedran ni chwara I-spy efo chdi'n fan'na a finna'n fama?

Wali: Dw i'n meddwl mai rwbath digon tebyg di'r ddwy!

Picton: O ia, ia iawn. Ond fi sy'n mynd gynta!

Wali: O, reit-o

Picton: Dw i yn gweld efo'n llygad bach i, rwbath sy'n dechra efo ...

[saib. Mae'n gweld cwpan wrth ei ymyl ac yn chwerthin iddo'i hun]

... Ec.

Wali: Ec?

Picton: Mmm!

[saib]

Wali: Cwpan.

Picton: [gweiddi] Sut fedri di weld cwpan yn fan'na?

Wali: Dyna be odd o?

Picton: Ia.

Y diwrnod wedyn cafodd Mei Jones ei arestio yn ei gartref yn Llangernyw, a'i holi am chwe awr yng ngorsaf heddlu Bae Colwyn. Sarjant Picton oedd enw un o'r plismyn fu'n ei holi. Tua'r un adeg fe arestiwyd actor arall, Dyfed Thomas, yn Llundain, a'i holi am ddeuddeg awr. Doedd ganddo yntau mwy na'r lleill ddim syniad pam iddo gael ei arestio.

Datgelodd yr heddlu yn ddiweddarach mai nifer o lythyrau dienw oedd y rheswm am y cyrch, a dywedodd John Pierce Jones ar raglen deledu fod plismyn wedi bod yn holi oedd o'n gwybod am unrhyw un oedd â rhywbeth yn erbyn Bryn Fôn ac a allai fod tu ôl i'r cyhuddiadau.

Flwyddyn ar ôl yr antur, ysbrydolodd y digwyddiadau od yma un o benodau doniolaf C'mon Midffild. Yn y bennod 'Meibion Bryncoch' mae Picton, Wali, Tecs a George yn cael eu harestio, nid am losgi tai haf ond ar amheuaeth o ddwyn defaid. Mae'r gêm 'Mi wela i efo'n llygad bach i' rhwng Picton a Wali yn y celloedd drws nesaf i'w gilydd yn un o'r golygfeydd cofiadwy. Ac wedyn ar y diwedd daw'r tro annisgwyl. Roedd y pedwar wedi cael eu dal gan *Rargian Fawr* – rhaglen boblogaidd ar y pryd oedd yn cael ei chyflwyno gan y diweddar Gari Williams, yn null *Y Brodyr Bach* a *Readle's About* – a jôc oedd y cyfan. Yn y diweddglo hwnnw daeth Elsi, gwraig Arthur Picton, i'r golwg am yr unig dro yn yr holl gyfresi, ond heb ddweud yr un gair.

Wali:	Reit. Fi rŵan. Be wela i, efo'n llygad bach i. Rwbath yn dechra efo ... D.
	[saib]
Picton:	Drws.
Wali:	Naci.
Picton:	Dillad.
Wali:	Naci.
Picton:	Dwylo.
Wali:	Dwylo?
Picton:	Ia.
Wali:	Naci
Picton:	DWRN?

Wali:	Na.
Picton:	Dafad?
Wali:	Hy hy, naaa.
Picton:	Dwn i'm.
Wali:	Na ... Gif yp?
Picton:	Ia, be' 'di o?
Wali:	Dau bry.
Picton:	*ASIFFETA!*

'Ti 'di beni?'
'Na, George 'dw i'

Julian a George o'r bennod
'Tibetans V Mouthwelians'

'Wel, we... ...ma'i Arthur?'
...syt mae hi?'

Arthur... ...dan o'r bennod
'Tibetans V Mouthwelians'

Yr Italian Job

Cynhaliwyd Cwpan Bêl-droed y Byd yn yr Eidal yn ystod haf 1990, gyda Gorllewin yr Almaen yn curo'r Ariannin yn y rownd derfynol. Cafodd y digwyddiad hwnnw effaith fawr ar drigolion Bryncoch. Os oedd yr Eidal yn ddigon da i Klinsmann, Maradona a'u tebyg, medden nhw, yna roedd yn ddigon da hefyd i Wali a George, Tecs a Picton. Felly, yn fuan ar ôl y gystadleuaeth fawr, dyma griw C'mon Midffîld hefyd yn hedfan tua Rhufain. Yr hyn wnaethon nhw oedd dyfeisio twrnamaint i dimoedd bach oedd yn digwydd ar yr un adeg â Chwpan y Byd, a phlethu anturiaethau dychmygol Bryncoch United efo rhai o'r digwyddiadau go iawn.

Yn Ionawr 1991 darlledwyd dwy raglen am y daith, un yn ymwneud â'r paratoi trafferthus yng Nghymru, a'r llall yn disgrifio'r anturiaethau dros y môr. Cafodd y ddwy dderbyniad da a ffigyrau gwylio gwych. Ym marn rhai, gan gynnwys John Pierce Jones, nhw oedd uchafbwynt holl gyfresi C'mon Midffîld. Ond doedd pethau ddim yn teimlo felly i'r tîm cynhyrchu ar y pryd. Iddyn nhw, trip yr Eidal oedd y profiad mwyaf heriol a hunllefus o ddigon.

'Oedd, mi oedd hi'n dipyn o strygl a deud y gwir!' medd Alun Ffred, efo hanner gwên sy'n awgrymu na chaiff rhai nad oedd yno byth wybod yr holl fanylion.

Roedd y paratoi wedi bod yn drefnus a thrylwyr. Manteisiwyd ar gysylltiadau oedd gan gwmni Ffilmiau'r Nant yn yr Eidal yn sgil y gyfres bêl-droed *Sgorio*. Cafodd Rhian Williams, aelod o dîm *Sgorio* sy'n siarad Eidaleg yn rhugl, drosglwyddiad i C'mon Midffîld ar gyfer y daith. Roedd hi wedi hedfan i'r Eidal o flaen gweddill y criw, gan aros efo teulu dyn o'r enw Tomasso, oedd yn gweithio fel fficsar achlysurol i *Sgorio* yn yr Eidal. Un arall i hedfan allan ymlaen llaw oedd Morus Elfryn, rheolwr cynhyrchu ar holl gyfresi teledu C'mon Midffîld. Rhwng Rhian, Tomasso a Morus, roedd llawer o'r lleoliadau ffilmio wedi eu trefnu yn ardal Galicano, ryw bymtheng milltir i'r dwyrain o Rufain. Roedd llety wedi ei drefnu ym mhentref Palestrina. Byddai'r rhan fwyaf o'r criw yn aros mewn gwesty o'r enw Coccia, enw y gwnaeth Mei Jones ddefnydd ohono yn ei sgript. Roedd popeth yn argoeli'n dda – cyn i bawb gyrraedd.

'Roedden ni allan o'n *comfort zone,*' meddai Alun Ffred. 'Adre yng Nghaernarfon roedden ni'n nabod pawb ac wedi arfer medru galw ar bobol i chwarae pêl-droed i ni yn ôl yr angen. Yn fan hyn roedd popeth yn ddiarth, roedd gynnon ni broblem iaith, ac yn waeth na dim, roedd hi'n straffîg ofnadwy cael gafael ar arian i dalu'n biliau. Doedd gynnon ni ddim cardiau bryd hynny, ac mi oedd Morus Elfryn yn gorfod mynd i Rufain i drio cael pres o'r banc, a'r rheini'n gwrthod ei roi nes bod y pres wedi cael ei 'weirio' o Gymru.'

Ond y daith awyren oedd dechrau gofidiau. Roedd cwmnïau hedfan yn hael iawn eu croeso'r dyddiau hynny, ac roedd rhai o'r criw wedi mynd dros ben llestri ar y Champagne. Erbyn iddyn nhw gyrraedd maes awyr Rhufain roedd y rhai a ddylai fod yn gyfrifol am bethau

fel y stoc ffilm yn methu siarad, yn unrhyw iaith. Roedd swyddogion diogelwch yn mynnu rhoi'r ffilm trwy beiriant pelydr-x, a allai fod wedi difetha'r ffilm cyn i'r un ffrâm gael ei saethu. Y dyn camera cynorthwyol, Richard Wyn, ddaeth i'r adwy, trwy afael fel gelen yn y bocs ffilm a gwrthod gadael i neb ei gymryd oddi arno.

Doedd gwesty Coccia chwaith ddim llawn mor hwylus â'r disgwyl. Yn groes i'r addewid, doedd dim lle i bawb yno a chafodd rhai eu hanfon i aros mewn llefydd eraill. Yn waeth na hynny, nid y criw o Gymru oedd yr unig westeion, er iddyn nhw gael addewid y bydden nhw'n cael y lle i gyd iddyn nhw'u hunain, a hyd y gwydden nhw, dyna oedd y sefyllfa. Ond nid felly'r oedd hi, a byddai hynny'n ychwanegu at y trafferthion erbyn diwedd y daith.

Roedd y dyddiau ffilmio'n rhai hir a blinderus, a'r 'awr ginio' yn ôl arfer y Cyfandir, yn gallu para am oriau gan ychwanegu at y rhwystredigaeth. Roedd tensiynau'n codi rhwng pobol â'i gilydd, a phethau'n mynd o ddrwg i waeth wrth i'r diwedd agosáu.

Ymhlith y cast roedd actor o Lundain, oedd i fod yn siarad Eidaleg yn rhugl ac yn bêl-droediwr o fri. Yn anffodus doedd ganddo ddim gair o Eidaleg a doedd o ddim gystal pêl-droediwr â'r disgwyl – yn ôl Bryn Fôn roedd ganddo ddwy droed chwith, a 'run o'r rheini'n ymdebygu i droed chwith Gareth Bale. Felly roedd rhai o'r golygfeydd pêl-droed yn para bron cyhyd â'r awr ginio. Roedd yr 'Fidalwr' hefyd yn llwyddo i godi gwrychyn yr actorion eraill, gan gynnwys Siân Wheldon, oedd yn dipyn o broblem gan ei fod i fod i syrthio mewn cariad efo Sandra.

Y criw ffilmio yn barod am o ygfa
ar un o strydoedd bychain Rhufain

Roedd cyfathrebu yn broblem gyson, gan gynnwys y noson pan wahoddwyd Alun Ffred, yr actor 'Eidalaidd' a Mervyn Rowe, cynllunydd y gyfres, i swper yng nghartref Tomasso, y fficsar. Ar wahân i Tomasso ei hun doedd gan neb o'r teulu air o Saesneg, a'r gwesteion ddim gair o Eidaleg; serch hynny, roedd tad Tomasso yn amlwg yn gymeriad byrlymus, er bod sibrydion ar led fod ganddo gysylltiadau â'r Maffia, ac roedd Mervyn Rowe ac yntau yn amlwg yn ffrindiau mawr ac yn chwerthin ei hochor hi wrth i'r gwin fynd

i lawr. Pan ofynnodd Alun Ffred i'r cynllunydd sut oedden nhw'n dod ymlaen gystal, atebodd hwnnw: *'I don't understand a word he's saying but we're having great fun!'*

Daeth yr holl helbulon i'w penllanw, os mai dyna'r gair, un noson yn y gwesty. Efo'r gwaith wedi ei gwblhau, roedd rhai o'r ecstras ac ambell un o'r actorion wedi treulio'r pnawn yn Rhufain. Yn ogystal ag ymweld â llefydd parchus fel y Fatican a'r Capel Sistîn, roedden

nhw wedi dechrau mynd i hwyliau dathlu, a hynny wedi arwain at noson o rialtwch yn y gwesty. Mae un fersiwn o'r stori honno i'w chael yn hunangofiant Neil 'Maffia', un o'r ecstras, sy'n sôn am griw anystywallt yn cynnal parti yn ei stafell ac yntau wedi mynd i'w wely'n gynnar yn hogyn da.

I'w wely'n gynnar hefyd yr aeth Alun Ffred, gan sylweddoli fod angen codi'n fore drannoeth. Ond chafodd yntau ddim llawer o gwsg:

'Roedd 'na sŵn mawr drwy'r nos, sŵn drysau'n clepian, sŵn rhywun yn crïo ac un arall o'r criw yn deud "Wna i byth weithio eto!" Ac i wneud pethau'n waeth mi oedd hi'n stido bwrw.'

Amser brecwast, roedd gwesty Coccia mewn distawrwydd llethol. Wedyn cafodd Alun Ffred neges yn dweud fod perchennog y gwesty eisiau ei weld. Doedd hi'n fawr o syndod fod y dyn yn gandryll oherwydd yr hwrli bwrli y noson cynt, ond doedd

Cyfres 3:
'Il Lavoro In Italia'

Wali'n dysgu mymryn o Eidaleg

Wali: Yyy, Tecs? Dw i 'di
dysgu lein. Mewn
magasîn ar yr awyren
odd hi.

Tecs: O? Be felly, Wali?

Wali: Ym. Aspeto ... un ...
bimbo ... y, ffra sei
messi. Be ma'n feddwl
dŵad?

Tecs: ...Dw i'n disgwl babi
mewn chwe mis.

Alun Ffred ddim yn disgwyl y frawddeg nesaf: '*The guests are complaining.*' Er nad oedd neb heblaw criw Midffild i fod yno, roedd un ystafell wedi ei gosod i gwpl o'r Almaen, oedd ar eu ffordd i weld seremoni graddio eu mab ym Mhrifysgol Rhufain. Tro'r Almaenes bigog oedd hi wedyn i felltithio Alun Ffred a'i griw am ddifetha'u harhosiad, a'r diwedd oedd iddyn nhw dalu costau gwesty'r pâr anffodus.

'Mi es yn ôl wedyn i weld y llanast,' meddai Alun Ffred. 'Mi ffeindiais Mei Jones yn dod allan o'i wely. "Duw, be oedd yn mynd ymlaen yma neithiwr?" medda fo'n ddigon diniwed – doedd o ddim yn ei chanol hi wrth gwrs! Pwy ddaeth allan o'i stafell wedyn ond John Bŵts, yn gwisgo dressing gown oedd braidd rhy fyr i ddyn mor fawr, ac yn flin fel tincar. Doedd John ddim yn dda ar y pryd, roedd o'n gwella ar ôl llawdriniaeth. Doedd o ddim yn cael yfed ac roedd o angen ei gwsg. "Be oedd yn mynd ymlaen yma neithiwr?" medda fynta, fel blaenor Methodist ar drip Ysgol Sul. "Mi oedd hi rêl stesion Caer yma!" medda fo – disgrifiad da iawn efo'r holl glepian drysau drwy'r nos a hwnnw'n atseinio mewn coridor heb garped. Wedyn dyma fo'n troi ac yn pwyntio at stafell Siân Wheldon. "A hon!" medda fo. "Mi oedd hon fel brân dyddyn drwy'r nos!"'

Yr unig her oedd ar ôl, a honno'n un sylweddol, oedd talu bil y gwesty. Roedd Morus Elfryn wedi gwasgu pob sentan a allai allan o'r banc, ond hyd yn oed ar ôl i Alun Ffred ychwanegu hen *Travellers' Cheques* o waelod ei fag, roedden nhw'n dal yn brin. Yr unig ffordd y caen nhw adael y gwesty oedd gadael Rhian Williams ar ôl yn y gwesty fel gwystl, nes bod yr arian wedi dod drwodd o Gymru a'r ddyled wedi ei thalu.

Dangoswyd y ddwy raglen am drip yr Eidal, 'Yr Italian Job' ac 'Il Lavoro In Italia' (sy'n golygu'r un peth) ar ddechrau trydedd gyfres C'mon Midffild. Er gwaethaf pawb a phopeth, roedd y ddwy raglen yn llwyddiannus iawn.

'Nhw oedd y ddwy bennod orau gen i,' meddai John Pierce Jones. 'Ro'n i'n meddwl bod y sgriptiau'n glyfar iawn – nid yn unig roedd 'na ddoniolwch ynddyn nhw ond roedd 'na dristwch hefyd. Ac roedd Picton ar ei fwyaf Machiavelian, yn dangos ochr waetha'r ddynoliaeth!'

Roedd y beirniaid hefyd wrth eu bodd, ac yn ôl ffigyrau a gyhoeddwyd yn *Y Cymro* roedd 106,000 o bobol wedi gwylio'r ail raglen. Eithriad oedd hi i unrhyw raglen heblaw *Pobol y Cwm* gyrraedd mwy na chan mil. Mae hynny'n temtio rhywun i gamddyfynnu'r emynydd:

Fe all mai'r storom fawr ei grym
A ddaw â'r pethau gorau im.

Y Bedwaredd Gyfres

9 Chwefror – 15 Mawrth, 1992

Yr Etholedig Rai

Erbyn dechrau 1992 roedd Alun Ffred yn gynghorydd yn Nyffryn Nantlle, ar y Cyngor Cymuned i ddechrau ac wedyn y Cyngor Sir. Byddai'n aml yn diddori criw C'mon Midffîld efo straeon am hynt a helynt y cynghorwyr. Hynny, o bosib, oedd un symbyliad i Mei Jones sgwennu pennod lle'r oedd Arthur Picton yn sefyll etholiad ar gyfer y 'Cyngor Cymundeb' – a darganfod bod George Huws, ei fab yng nghyfraith, yn sefyll yn ei erbyn.

Mewn un olygfa mae Wali, fel cynrychiolydd etholiadol Arthur Picton, yn trio perswadio'i fam i adael iddyn nhw osod poster Arthur Picton ar ddrws y tŷ – a Lydia Tomos yn styfnigo a Picton yn gwrando.

Wali: Cyn i chi ddechra, Mam,
dwi'n gwbod bo' chi'n
meddwl bod Mr Picton
yn hen sgamp ac yn
ddihiryn, ac wedi troi
Bryncoch 'ma'n Gehenna
ac wedi f'arwain i ar
gyfeiliorn ...

Picton: Ara deg ar f'enaid i!

Wali: Ia. Ond gwrandwch chi
rŵan, Mam. Y fi 'di
cynrychiolydd Mr Picton
yn y lecsiwn 'ma, ac nid
yn unig mi fyddwch chi'n
gneud Mr Picton yn laffing
stocs y pentra 'ma, mi
fyddwch chi'n ein gneud
ninna hefyd yn destun
sbort, gewch chi weld.

[Saib]

Geith o roid hwnna
i fyny plîs?

Lydia: Ceith.

[Saib]
[Sŵn crensiân papur]

Wali: Dyna chi, Mr Picton.

Lydia: Ac mi ddeudith hi
wrtho fo lle i'w roid
o i fyny hefyd!

Yr Alpha
a'r Omega

'Aye aye, dyma fo, brenin yr Iwerddon,
dwi'n mynd â fo efo fi i palas fi
i magu fo fel mab fi ...'

Problem gyfarwydd wrth ffilmio rhaglenni comedi yw cadw'r criw tu ôl i'r camera rhag mynd i chwerthin yn ystod y golygfeydd mwyaf doniol. Mae'n fater yr oedd Alun Ffred, fel cyfarwyddwr, yn teimlo'n gryf yn ei gylch.

'Os ydi'r criw yn chwerthin wrth wneud golygfa mae 'na siawns go dda na fydd hi'n gweithio ar y sgrin. Be sy'n dueddol o ddigwydd wedyn ydi bod yr actorion yn ymateb i'r criw, ac yn goractio.'

Ond mae'n cydnabod iddo ar adegau fethu cadw at ei reol ei hun. Soniwyd yn barod am yr olygfa lle'r oedd Lydia Tomos mewn gwisg angel ar ben y pyst gôl. Digwyddodd hefyd ym mhennod 'Yr Alffa a'r Omega', lle'r oedd George yn breuddwydio fod Picton wedi troi'n Herod ac yn bygwth dwyn ei blentyn. Yn y freuddwyd mae'r cymeriadau i gyd wedi mynd i siarad fel George. Ond yr olygfa aeth yn drech nag Alun Ffred oedd yr un lle mae wyneb George wedi ei osod ar gorff babi wedi ei lapio mewn cadachau.

'Roedd ei wyneb o mor, mor ddoniol, ac ynta'n gwneud rhyw synau fel babi, fedrwn i ddim dal!'

Ond mi ddaeth un canlyniad llai doniol i'r rhaglen honno. Cafodd S4C gŵyn gan ddosbarth oedolion ysgol Sul capel Salem, Caernarfon, yn cwyno fod gormod o regi yn C'mon Midffîld. Aeth Alun Ffred draw i gyfarfod y dosbarth un bore Sul. Y gŵyn oedd bod y rhaglen yn boblogaidd efo plant, ac yn gosod esiampl wael. Dadleuodd Alun Ffred nad oedd llawer o regi yn y rhaglen, a bod yr iaith yn wahanol iawn i'r hyn oedd i'w gael mewn gemau pêl-droed go iawn, ar y cae ac oddi arno. Yr hyn achosodd fwyaf o boen iddo oedd gwraig i weinidog, a hithau'n ffrind i'w rieni, yn cyhuddo'r rhaglen arbennig honno o fychanu stori'r Geni.

'Mi driais ddadlau nad dyna oedd y bwriad. Mi ddwedais wrthyn nhw mai'r da oedd bob amser yn ennill yn C'mon Midffîld, a phobol ddrwg fel Picton bob amser yn colli,' meddai Alun Ffred. 'Ond dwi ddim yn meddwl bod hynny wedi tycio o gwbwl.'

Noson wobrwyo

Ym mhennod 'Yr Alpha a'r Omega', lle mae George yn cael ei freuddwyd, mae camel yn cael ei dywys i lawr stryd yn Llanrug gan y doethion, efo George a Wali ar ei gefn. Rhys Richards, fel Harri, a thafarnwr lleol, Tony Penbont, oedd dau o'r doethion. Doedd y camel, oedd wedi ei ddarparu gan gwmni o Gaer, ddim yn mwynhau'r profiad ryw lawer. Ar hyd y ffordd roedd yn mynnu sathru traed y doethion a phoeri am eu pennau, nes bod y tywyswyr yn wlyb diferol erbyn diwedd y têc.

Y noson honno roedd gofalwraig yn mynd i ymweld â hen wraig yn Station Road, Llanrug i wneud yn siŵr ei bod hi'n iawn am y nos. Roedd y wraig yn y ffenest wedi cynhyrfu'n lân.

'Dach chi'n iawn?' gofynnodd yr ofalwraig.

'Nag ydw wir, dwi ddim yn iawn o gwbwl,' meddai'r wraig.

'Be sy', Mrs Jones?'

'Mae 'na rywbeth mawr o'i le. Dwi newydd weld camel yn mynd i lawr Station Road.'

Yn weddol gynnar yn ei hoes, enillodd C'mon Midffîld chwe enwebiad ar gyfer gwobr BAFTA Cymru. Roedd y criw yn llawn hwyl a sbri wrth gyrraedd y seremoni wobrwyo yng Nghaerdydd, y merched yn eu gwisgoedd gorau a'r dynion i gyd ond un mewn siwtiau a theis dici-bo. Yr eithriad oedd Bryn Fôn: doedd o ddim yn credu mewn rhyw lol felly a chyrhaeddodd mewn cilt, gan fynnu bod hwnnw yn ateb gofynion *formal dress*. Roedd Ffilmiau'r Nant wedi archebu bwrdd ymlaen llaw, a chyflenwad digonol o win i'w roi arno. Pan gyrhaeddon nhw roedd y bwrdd bron o'r golwg dan boteli – doedden nhw ddim wedi sylweddoli fod gwin eisoes yn gynwysedig yn y pris gwreiddiol, ac felly roedd ganddyn nhw gymaint ddwywaith â phawb arall. A hwythau eisoes wedi bod mewn *Champagne reception* yn y pnawn, roedden nhw mewn hwyliau arbennig o dda.

Roedd y seremoni, wrth gwrs, yn cael ei theledu, a chan fod C'mon Midffîld wedi ennill mwy o enwebiadau na neb arall, roedd un camera wedi ei gyfeirio'n barhaol ar y bwrdd hwnnw, gan ddisgwyl llu o wobrau. Fel y digwyddodd hi, chafodd criw Midffîld ddim un wobr y noson honno. Ond roedd pawb yn gwybod eu bod nhw wedi bod yno.

Y Gweithwyr

'Aros mae'r mynyddau mawr ...' meddai Ceiriog, ond prin fod hynny'n wir am griwiau teledu. Nid 'o rod i rod' mae'r rheini'n newid, ond – fel arfer – o gyfres i gyfres. Yn achos Midffild mi fu ambell un yno o'r dechrau i'r diwedd ond mynd a dod oedd hanes y rhan fwyaf. Hebddyn nhw fyddai dim byd yn digwydd, ac mae gan sawl un eu rhan yn y stori.

Top
John Muxworthy a'i ddesg sain.

Gwaelod
Alun Ffred Jones gyda Roger Pugh Evans, Chris Hill (y dyn 'grips'), Richard Wyn a Bryn Fôn.

Tynwyr lluniau

Mi fu tri dyn camera gwahanol iawn ar y cyfresi. Y cyntaf oedd Dafydd Hobson. Bachgen o Gaernarfon a mab i athro Saesneg yn Ysgol Syr Hugh Owen. Roedd yn byw yn Leeds ac wedi bod yn gweithio i gwmni Granada, gan gynnwys y gyfres faterion cyfoes *World in Action*. Clywodd Wil Aaron amdano a'i wahodd i weithio ar y gyfres ddrama ddogfen *Almanac*. Dyna ddechrau ar berthynas hir gyda Ffilmiau'r Nant a llawer cynhyrchydd arall yng Nghymru. Enillodd nifer o wobrau am ei waith camera gan gynnwys rhai gan y Royal Television Society a BAFTA Prydain. (Nid am C'mon Midffild!) Diddorol ydi nodi i un o uwch swyddogion S4C ddweud rywbryd bod ei ddull o oleuo yn 'hen ffasiwn'. A hynny cyn iddo ennill y gwobrau!

Ar ei ôl daeth Roger Pugh Evans o gymoedd Gwent. Roedd wedi gweithio i HTV yng Nghaerdydd ar yr un adeg ag Alun Ffred, er nad oedd llwybrau'r ddau wedi croesi bryd hynny. Tra oedd Dafydd Hobson yn ddyn o ddifri, yn amgylcheddwr, yn ddirwestwr ac yn casáu ysmygu, mae'n deg dweud fod Roger yn gwbl groes i hynny. *'Alright butt?'* oedd ei gyfarchiad boreol, a ffag yn ei law. Pan oedden nhw'n ffilmio yn yr Eidal, roedd y criw yn teithio mewn bws trwy'r wlad hardd wrth iddi nosi'n gynnes. Roedd goleuadau'n fflachio hwnt ac yma ar y bryniau pan ddywedodd rhywun wrth Roger ei bod hi'n fro arbennig o hardd. *'Aye butt,'* cytunodd Roger. *'Reminds me of Abertyleri at night.'*

Un a ddechreuodd fel cynorthwy-ydd i Dafydd oedd y trydydd dyn camera. Richard Wyn o Dal-y-sarn oedd yr un a aeth â'r gyfres o fyd y ffilm i fideo. Aeth i arallgyfeirio wedyn a chynhyrchu gwin yn Nyffryn Nantlle.

Y sŵn a'r sain

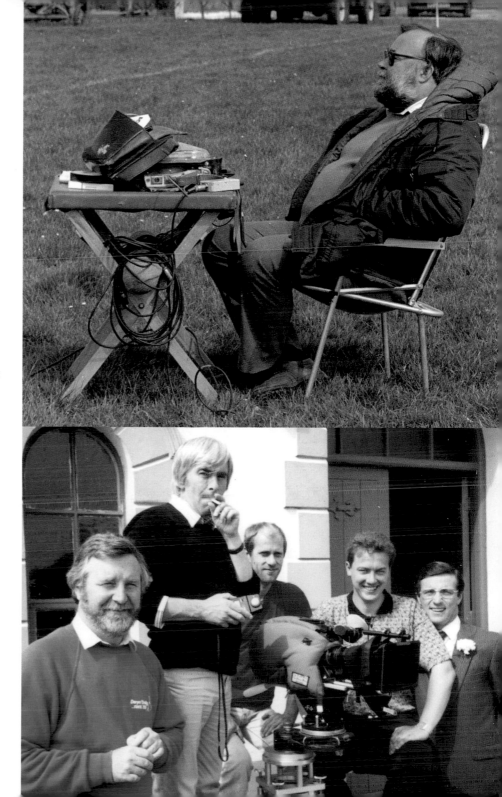

'It's good enough for television,' oedd un o sylwadau cyson y recordydd sain cyntaf, John Muxworthy. Ac roedd gan John sylw ar gyfer pob achlysur. Roedd yn ddyn mawr – rhy fawr er ei les ei hun ond yn brofiadol tu hwnt. Dysgodd ei grefft yn ôl yn nyddiau Teledu Cymru a TWW cyn symud i Granada lle bu'n gweithio am flynyddoedd. Roedd yntau fel Roger yn smociwr diarbed ac o'r herwydd yn fyr ei wynt pan oedd angen symud o le i le. Ar ôl iddo weiddi am ddistawrwydd cyn dechrau recordio, a phawb arall yn dawel fel llygod, yr unig sŵn a glywid yn aml oedd sŵn megin John yn chwibanu wrth iddo anadlu. Roedd llwch sigarét dros ei beiriant recordio ac yn amlach na pheidio bocs mawr o dda da wrth ei ochr. Pan gerddodd ar y set un tro tynnodd rhywun ei sylw at y ffaith fod ei falog ar agor. Wnaeth o ddim cyffroi, ond ar ôl pwff ar ei sigarét, dywedodd: 'Dead birds don't fall out of trees.'

Yn sgil John daeth dyn ifanc o Fanceinion i weithio fel cynorthwy-ydd iddo. Tim Walker oedd hwnnw a chyn bo hir cymerodd le John fel recordydd sain, setlo yng Nghymru a phriodi a dysgu Cymraeg. Bu'n gweithio ar bob un o'r cyfresi, ac felly hefyd yr un oedd yn gyfrifol am y gwisgoedd, Llinos Non o Benygroes.

Y Trefnwyr

Y dyn fu'n rheolwr ar bob un o'r cyfresi oedd
Morus Elfryn, brodor o Bontsiân ger Llandysul.
Bu unwaith yn ganwr poblogaidd gyda grwp
Y Cwiltiaid, wedyn efo'i ffrind Gareth Hughes Jones
fel Morus Elfryn a Nerw, ac am gyfnod byr yn aelod
o'r anfarwol Ddyniadon Ynfyd Hirfelyn Tesog.

> 'Morus oedd fy llaw dde i,' meddai Alun Ffred.
> 'Fo oedd yn gofalu bod y trefniadau yn
> eu lle a bod y criw yn gwneud eu gwaith.'

A llaw dde Morus oedd merch ifanc a ddaeth
o gwrs Cyfle, Carys Haf o Borthmadog.

Un arall fu'n holl bresennol oedd Angharad Anwyl,
y 'PA' neu gynorthwy-ydd cynhyrchu. Ar wahân
i gofnodi pob peth a sicrhau dilyniant cywir,
hi oedd 'clust' y cyfarwyddwr ymysg y criw.

'Os oedd trafferthion yn codi, gan Angharad
y byddwn i'n clywed,' meddai Alun Ffred.

Bu Huw Roberts yn gweithio fel dyn props ar bob cyfres
ac mae o hefyd wedi ei anfarwoli wrth ymddangos
fel y cefnogwr y mae Wali'n poeri i'w fwyd wrth far
y Bull yn y gyfres gyntaf. Yn annheg iawn, pan oedd
yn ifanc roedd Huw wedi cael y llysenw Huw 'Wirion'.
Pan oedd yn gweithio gyda Chwmni Theatr Bara Caws
dywedwyd wrth gynhyrchydd gwadd mai dyn o'r enw
Huw Wirion oedd y Rheolwr Llwyfan ar y cynhyrchiad
nesaf. Ymateb y cyfarwyddwr oedd: *"A name to inspire
confidence!"* Ond mewn gwirionedd roedd Huw
yn hollol ddibynadwy. Yntau'n gitarydd medrus
ac yn aelod o'r grwp Angylion Stanli.

Y Gwisgoedd

Bu Llinos Non Parri o Benygroes yn gofalu am y gwisgoedd o'r dechrau i'r diwedd. Hi oedd wedi mynd efo Mei Jones i storfa Bara Caws ac i siop Oxfam i gael gafael ar y crys siec, yr anorac a'r bresys a ddaeth yn gymaint rhan o gymeriad Wali.

Peintio Wynebau

Merch o Fryste, Helen Tucker, oedd y person colur gwreiddiol a hi felly oedd yn gyfrifol am edrychiad y cymeriadau ochr yn ochr â Llinos Non. Hi oedd yr un a gafodd yr her o liwio gwallt John Pierce Jones i wneud iddo edrych yn hŷn, a gwneud i Siân edrych yn ddigon ifanc i fod yn ferch iddo. Ar ôl i wig gael ei chreu ar gyfer Picton, Meinir Brock, yn wreiddiol o Silian ger Llanbedr Pont Steffan, a gafodd y cyfrifoldeb o ofalu am y prop bregus a hanfodol hwnnw.

Peintio'r Set

Mervyn Rowe, oedd wedi ymgartrefu yn y Bermo, oedd y cynllunydd am rai blynyddoedd. Sais mawr rhadlon, arlunydd a chrefftwr talentog oedd wedi gweithio mewn theatrau yn Iwerddon, Lloegr ac Ewrop.

Ei gyfraniad mawr oedd ail-greu tu mewn i dai y Pictoniaid a Mrs Tomos a Wali. Tai go iawn yn Llanrug oedd y rhai gwreiddiol ond fel y soniwyd roedden nhw wedi cael eu peintio a'u papuro gan y trigolion a bu'n rhaid ail-greu'r ystafelloedd erbyn yr ail gyfres. Dyna oedd awr fawr Mervyn Rowe wrth godi'r setiau waliau cam, yn gyntaf mewn hen weithdai ar Ddoc Fictoria, Caernarfon mewn llwch a baw, ac yna yn adeiladau hynafol stad y Faenol.

Y Golygydd Lluniau

Doedd neb yn fwy cyfarwydd â phob fframyn o luniau C'mon Midffîld na'r golygydd ffilm a fideo, Lewis Fawcett. Yn Sais a ymgartrefodd yn y Felinheli a dysgu rhywfaint o Gymraeg, ei ddileit mawr mewn bywyd oedd rasys ceffylau. Yn ystod y cyfnod golygu byddai'n treulio oriau meithion mewn cell danddaearol yn craffu ar y lluniau, gan wirioni ar ambell ymadrodd nad oedd yn golygu rhyw lawer i'w gydweithwyr. Pan fyddai pethau'n mynd yn ben set wrth geisio cael y rhaglen yn barod mewn pryd, a phethau'n poethi yn y stafell olygu, roedd gan Lewis ymadrodd i grynhoi'r sefyllfa: *'Kick, bollocks and a scramble!'*

Top
Mei Jones, Bryn Fôn a John Pierce Jones yng nghefn y bws gydag Angharad Anwyl a Morus Elfryn y drws nesa i Siân Wheldon.

Canol
Y dyn camera, Richard Wyn, Cliff Owen y trydanwr ac Anne Marie yn helpu John Pierce Jones i ymbincio.

Gwaelod
John Muxworthy a Helen Tucker.

Yn 1993 cafodd dilynwyr C'mon Midffîld ledled Cymru gyfle i weld eu harwyr yn y cnawd. Yn ystod y saib rhwng ffilmio'r bedwaredd a'r bumed gyfres deledu, aeth rhai o aelodau'r cast ar daith o amgylch Cymru i berfformio sioe lwyfan. Cynhyrchiad Theatr Gwynedd oedd *Awê Bryncoch!*, efo Graham Laker o'r cwmni hwnnw yn cyfarwyddo. Roedd y sgript gan Mei Jones yn defnyddio'r un cymeriadau â C'mon Midffîld ond yn eu gosod mewn sefyllfa oedd yn fwy addas i'r llwyfan.

'Meddwl oeddwn i y byddai 'na bobol nad oedden nhw'n arfer mynd i'r theatr yn dod i weld y sioe yma oherwydd poblogrwydd y cymeriadau, ac y baswn i felly'n trio rhoi rhyw brofiad theatrig iddyn nhw na fasan nhw ddim yn ei gael fel arall,' meddai Mei Jones. 'Yn hytrach na gwneud rhyw bennod estynedig i'w rhoi ar lwyfan, beth wnes i oedd trio sgwennu comedi mor weledol ag y medrwn i gan ddefnyddio'r cymeriadau i ddenu pobol yno. Mi oedd rhywun yn medru gweld yn y bar ar y diwedd fod yno bobol oedd heb fod yn y theatr o'r blaen. Mi ddaeth Mal Lloyd – 'Graham' yn y cyfresi teledu – i Theatr Gwynedd un noson efo tua deg o blant. Roedd o a'i wraig wedi dod â nhw mewn minibys ac wedi talu am eu tocynnau am eu bod nhw wrth eu boddau efo C'mon Midffîld.'

Roedd yr actorion hefyd yn mwynhau'r newid o ffilm i lwyfan.

'Pan wnaethon ni'r daith, roeddan ni'n gwybod, y diwrnod roeddan ni'n agor ym Mangor, fod y sioe olaf yn Abertawe wedi gwerthu allan,' meddai John Pierce Jones. 'Aberystwyth, Caerdydd – mi oeddan nhw i gyd yn llawn a ninnau'n cael yr un derbyniad yn union ag oeddan ni'n ei gael yn y gogledd.'

Yr unig eithriad oedd Theatr Clwyd yn yr Wyddgrug, a hynny, yn ôl Mei Jones, oherwydd bod awdurdodau'r theatr wedi dweud wrth bobol fod y tocynnau wedi'u gwerthu pan nad oedd hynny'n wir.

Roedd y stori'n ymwneud â thaith Bryncoch United i'r stadiwm genedlaethol yng Nghaerdydd, a'r criw yn profi pob math o anturiaethau yn y brifddinas. Yn weddol gynnar yn y sioe roedd Mr Picton yn cael ei daro'n anymwybodol ar ôl disgyn wrth drio cadw Wali rhag neidio o ben to'r gwesty. Hunllef Picton wrth iddo feddwl ei fod wedi lladd Wali oedd gweddill y digwyddiadau. Mewn un olygfa roedd Lydia Tomos yn canu cerdd dant i gyfeiliant Wali ar y delyn.

'Wyt ti'n gwybod "Llwyn Onn"?'
'Dwi'm yn gwbod pwy 'di Non heb sôn am ei llwy hi!'

Yn y sioe lwyfan y daeth Gwenno Hodgkins i gydweithio â'r cast fel Sandra am y tro cyntaf. Roedd ganddi ran fechan arall hefyd, fel aelod o gôr cerdd dant a ddaeth yn gariad i Wali.

Er mor ddifyr oedd y daith i'r actorion i gyd, doedd hi ddim heb ei thrafferthion. Mewn un olygfa roedd Wali yn 'marw' ac yn esgyn i'r nefoedd mewn coban wen ac adenydd angel. Ond unwaith, yn Theatr y Werin, aeth rhywbeth o'i le efo'r harnais oedd yn ei godi, ac roedd ofnau fod Mei Jones yn ogystal â Wali Tomos ar ei ffordd i'r byd a ddaw. Yn yr Wyddgrug hefyd aeth y rhai oedd yn tynnu'r rhaff i godi'r harnais dros ben llestri nes bod pen Wali'n taro yn erbyn y goleuadau.

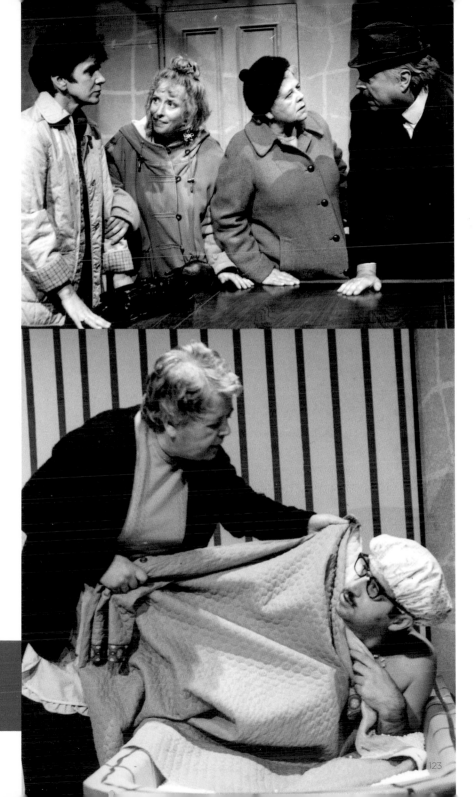

Un a fwynhaodd y daith yn fawr oedd Llion Williams:

'Dwi wastad wedi bod yn fwy cyfforddus ar lwyfan nag ar deledu. Roedd cael gwneud rwbath oedd wedi bod mor llwyddiannus ar deledu ar lwyfan, a chael teithio Cymru a llenwi theatrau, yn brofiad gwych, ac roedd Mei wedi'i sgwennu hi mor grefftus. Ond do'n i ddim yn diolch iddo am y diweddglo. Yn honno roedd hi'n mynd yn *penalty shootout* a phopeth yn dibynnu ar George i sgorio'r gic olaf a tharo'r bôl i mewn i'r gynulleidfa. Mi aeth yn iawn ond roedd 'na lawer o drafod pa mor fawr oeddan ni am wneud y gôl.'

> " Dwi'n cofio cael fy nharo ar fy mhen gan bêl anferth yn sioe *Awê Bryncoch!* – cywilydd! "
>
> - Carys Edwards

123

Y Gyfres Olaf

17 Medi – 22 Hydref, 1994

'Fydd pêl-droed ar S4C fyth yr un fath eto,' meddai adroddiad yn *Yr Herald* ar 22 Hydref 1994, diwrnod darlledu pennod olaf cyfres olaf C'mon Midffîld. Gyda'r ffigyrau gwylio yn dal yn gyson uchel, mae'r erthygl yn dyfynnu Alun Ffred yn esbonio penderfyniad Ffilmiau'r Nant i gau pen y mwdwl:

Roedden ni'n meddwl mai cystal dod â'r gyfres i ben ar ei hanterth, cyn i bawb ddiflasu. Mae'r ymateb i'r gyfres olaf 'ma wedi bod yn ardderchog. Dwi'n meddwl bod pobol yn meddwl am C'mon Midffîld fel hen ffrind annwyl sydd wedi galw heibio.

Mewn gwirionedd roedd ambell un yn teimlo fod y rhaglen wedi colli rhywfaint o'i hawch erbyn y bumed gyfres. Doedd y cast ddim yn eneidiau mor hoff a chytûn ag yr oedden nhw ar y dechrau, ac roedd tensiynau ac anghytuno yn codi rhwng rhai o'r aelodau. Roedd y diwrnodau gwaith yn gallu bod yn hir, a blinder yn effeithio ar bawb.

Dywed John Pierce Jones: 'Roeddan ni i fod i orffen yn y bedwaredd gyfres ac mi ddylen fod wedi gwneud hefyd. Ond mi wnaeth S4C swnian arnon ni a gofyn fasan ni'n gwneud un arall a dyna ddigwyddodd. Dwi'n meddwl ein bod ni i gyd wedi cael digon erbyn hynny ac mi ddyla'n bod ni wedi gwrando arnon ni'n hunain.'

Roedd y gyfres olaf yn wahanol i'r rhai blaenorol oherwydd iddi gael ei saethu ar fideo yn hytrach nag ar ffilm. Roedd hynny'n gwneud pethau'n llawer haws yn ymarferol, gan fod yr offer yn fwy hyblyg a doedd dim rhaid newid y ffilm yn y camera byth a beunydd. Ond roedd ansawdd y lluniau a theimlad y rhaglenni'n wahanol. Er na fuasai'r gynulleidfa'n deall yr ochr dechnegol, mae Mei Jones yn mynnu fod hynny wedi amharu ar lwyddiant y gyfres olaf:

'Roedd pobol yn gwybod bod 'na rwbath yn wahanol ond doeddan nhw ddim yn gwybod be. Wedyn mi oeddan nhw'n beio'r sgriptio, y cyfarwyddo, yr actio, bob dim. Fel cyfres roedd ganddi ei gwendidau a'i chryfderau yr un fath â phob cyfres arall.'

Dywed Alun Ffred: 'Mae'n werth cofio'n bod ni erbyn hynny eisoes wedi gwneud tair cyfres radio, pum cyfres deledu a ffilm, roedd yna gasét, sioe Nadolig, dau lyfr. Rhaid i mi ddweud 'mod i wedi cymryd yn ganiataol ar ddiwedd y bedwaredd gyfres mai honno oedd yr un olaf. Dwi'n cymryd mai oherwydd yr ymateb i'r bedwaredd gyfres y gofynnwyd inni wneud un arall. Doedd 'na ddim cymaint o frwdfrydedd erbyn y gyfres olaf. Ond mi oedd yn iawn ein bod ni wedi cael un gyfres i gloi pen y mwdwl, ac mi sgriptiwyd y bennod olaf fel tasa'r actorion a phawb yn gwybod fod y cyfan yn dod i ben.'

Roedd pethau wedi dod i ben yn barod i un o'r cymeriadau. Dywedodd Siân Wheldon ar ddiwedd y bedwaredd gyfres nad oedd hi eisiau gweithio ar fwy o'r rhaglenni, a chastiwyd Gwenno Hodgkins ar gyfer y rhan.

'Bryncoch yn croesawu'r Sandra newydd' meddai pennawd *Yr Herald* uwchben cyfweliad lle mae Gwenno'n dweud fod y cast wedi gwneud iddi deimlo'n gartrefol iawn. Roedd yr actores o Fethesda eisoes wedi portreadu Sandra a chymeriad arall ar daith y sioe lwyfan *Awê Bryncoch!*, a chafodd ei phortread o Sandra ar lwyfan a theledu ganmoliaeth gyffredinol.

Dywed Alun Ffred: 'Doedd hi ddim yn hawdd i Gwenno ddod i mewn yn yr amgylchiadau yna ond mi wnaeth ei rhan yn hollol ddi-lol.'

Bu cryn ddyfalu ar y pryd ynglŷn â phenderfyniad Siân Wheldon i adael y gyfres. Dweud mae hi heddiw ei bod yn teimlo, ar ôl pedair cyfres, fod cyfeiriad cymeriad Sandra yn dod i ben yn naturiol.

'Mi oedd hi wedi cyfarfod George a dechra'i ganlyn o, wedi priodi a chael yr efeilliaid, George Junior a Gwenllian Angharad. Doeddwn i ddim yn gweld i ba gyfeiriad oedd hi am fynd ar ôl hynny. Roeddwn innau'n mynd yn hŷn ac eisiau dod yn rhan o brif lif yr actio, ond beth oeddwn i'n weld oedd y byddai Sandra'n mynd fwy a mwy ar yr ymylon. O'm rhan i'n bersonol ac oherwydd fy ngyrfa broffesiynol, dwi'n meddwl 'mod i wedi gadael ar yr adeg iawn. Dwi'n teimlo'i fod o wedi dod i ryw ddiweddglo naturiol i Sandra.'

O dipyn i beth arweiniodd hefyd at newid gyrfa i Siân Wheldon.

'Wnes i ddim llawer o actio wedyn, ac mae hynny'n wir am rai o'r actorion eraill hefyd,' meddai. 'Mae'n anodd dweud ai oherwydd C'mon Midffild y digwyddodd hynny ond roedd y cymeriadau'n rhai mor fawr, mae'n bosib nad oedd rhai cyfarwyddwyr eraill yn fodlon ein castio ni mewn rôls gwahanol. Mi wnes i *Porc Peis Bach*, ond roedd y gwaith yn mynd yn llai a llai a'r blaidd o hyd wrth y drws. Roedd rhaid imi benderfynu beth oeddwn i am wneud efo gweddill fy mywyd.'

Yr hyn wnaeth hi oedd mynd yn ôl i fyd addysg. Aeth i'r Brifysgol a chael gradd dosbarth cyntaf mewn Cymdeithaseg. Mae bellach yn athrawes a phennaeth yr adran Gymdeithaseg yn Ysgol Friars ym Mangor.

127

Roedd y bennod honno wedi cau'r drws ar unrhyw obaith am gyfres wreiddiol arall ar y teledu, ond roedd ymhell o fod yn ddiwedd ar C'mon Midffîld. Maen nhw'n dal i gael eu hailddarlledu'n gyson, heb sôn am ymddangosiadau a pherfformiadau llwyfan. Gwnaeth Mei Jones fwy na neb i gadw'r chwedlau'n fyw, ac mae rhai nosweithiau yn dal i'w synnu.

Roedd un o'r rheini yn Rhydyclafdy ym mherfeddion Pen Llŷn yn 2012:

'Roedd hi'n noson hollol wallgo! Roedd o'n teimlo fel tasa'r bobol ifanc yma wedi gwneud dim byd ers iddyn nhw gael eu geni ond ista yn eu tai yn gwylio C'mon Midffîld, ac wedi cael eu gadael allan ar ôl clywed am y cwis yn y dafarn.

'Mi oeddan nhw'n gwybod yr atebion i bob cythral o bob dim. Roedd dwy o genod o'r pwyllgor, Eleri a Siân, wedi gwneud rhyw 36 o gwestiynau ac mi wnes innau 14 arall i'w wneud o'n hanner cant. Cwyno oeddan nhw fod fy nghwestiynau i'n rhy hawdd – mae'n anodd i mi wybod faint mae pobol yn wybod! Felly mi rois i gwestiynau eraill oedd yn eitha personol i mi. "Dyma i chi bum cwestiwn," medda fi. "Mi gewch chi bedwar pwynt am bob un a dwi ddim yn meddwl ceith neb ohonoch chi ddim un ohonyn nhw'n iawn. Maen nhw mor arbenigol a dwi'n meddwl mai dim ond y fi sy'n gwybod yr ateb." Mi gafodd yr hogia wnaeth ennill dri allan o bump o'r rheini'n iawn, a finna'n meddwl bod y pump yn amhosib. Roeddan nhw hyd yn oed yn cywiro'r cwestiynau ambell dro!

'Mi barodd y noson o 8 tan hanner nos. Ar ôl gwneud y cwis fel fi fy hun mi o'n i'n barod i fynd adra, ond doeddan nhw ddim yn fodlon i mi fynd heb iddyn nhw gael rhywfaint o Wali Tomos. Un peth na fedra i mo'i wneud ydi cynnal cwis fel Wali. Mi fydda i'n gorfod esbonio i bobol nad ydi Wali hyd yn oed yn gwybod be ydi C'mon Midffîld. Maen nhw'n anghofio mai Wali ydi Wali a fi ydi fi.'

Aelod arall o'r tîm a newidiodd ei yrfa yn llwyr yn ddiweddarach oedd y cynhyrchydd a chyfarwyddwr, Alun Ffred Jones. Roedd wedi dechrau gwleidydda ar lefel llywodraeth leol yn ystod cyfresi teledu C'mon Midffild, a chael mwy o hwyl arni nag a gafodd Arthur Picton pan fentrodd i'r maes hwnnw. Cafodd ei ethol yn Aelod Cynulliad Caernarfon yn 2003 (Alun Ffred, nid Picton) a phum mlynedd yn ddiweddarach daeth yn Weinidog Treftadaeth yn Llywodraeth Cymru. Cyhoeddodd ei fod am ymddeol fel Aelod Cynulliad Arfon yn yr etholiad nesaf yn 2016.

Dal i weithio ym myd y cyfryngau wnaeth y rhan fwyaf o weddill y tîm, er i'r actorion bron i gyd ddweud fod gwaith yn arafach yn dod i'w rhan ar ôl eu profiad gyda C'mon Midffild. Gallai hynny fod yn ganlyniad i newid yn arlwy S4C, yn ogystal â theimlad rhai cyfarwyddwyr y byddai'r gynulleidfa'n eu cysylltu'n ormodol gyda'u cymeriadau yn y gyfres.

Darlledwyd rhaglen olaf y gyfres olaf ar 22 Hydref 1994, a gorffen gyda Wali, yn adyn unig mewn cae mawr gwag, yn canu'i fersiwn ei hun o 'My Way' gan Frank Sinatra, wrth i'w feddwl fynd yn ôl dros y blynyddoedd a fu:

A nawr, mae'r gêm ar ben, a'r reff 'di chwythu yr olaf chwiban

Mae ffrindiau wedi mynd, ac mae fy llygaid i yn socian ...

Asiffeta!

C'MON MIDFFÎLD! AR DVD

£12.99 yr un neu £100 am y bocs-set cyfan!

Ar gael o'ch siop Gymraeg leol
neu archebwch oddi ar ein gwefan

www.sainwales.com

ffôn 01286 831.111 ffacs 01286 831.497
sain@sainwales.com